SINGER

BIBLIOTECA DE COSTURA MR

Costura para el Hogar

LIMUSA

GRUPO NORIEGA EDITORES

México • España • Venezuela • Argentina
Colombia • Puerto Rico

SINGER

BIBLIOTECA DE COSTURA MR

Costura para el Hogar

Contenido

Versión autorizada en español de la obra publicada
en inglés por Cy DeCosse Incorporated con el título de
SEWING FOR THE HOME
© 1984 Cy DeCosse Incorporated (English version). All rights reserved.
© 1987 Cy DeCosse Incorporated (versión española). Derechos reservados.

ISBN 0-86573-219-1 (pasta dura, versión en español para EE.UU.)

Distributed in the U.S. and Canada by Cy DeCosse Incorporated,
5900 Green Oak Drive, Minnetonka, MN 55343, U.S.A.

CY DECOSSE INCORPORATED
Director: Cy DeCosse
Presidente: James B. Maus
Vicepresidente ejecutivo: William B. Jones

SEWING FOR THE HOME
Elaboración: Departamento Editorial de
Cy DeCosse Incorporated, en colaboración con el
Singer Education Department. Singer es marca
registrada de la Compañía Singer y se está usando
con su autorización.

Versión en español:
*IVONNE LEONEL DE
CERVANTES G.*

Derechos reservados:

© 1992, EDITORIAL LIMUSA, S.A. de C.V.
GRUPO NORIEGA EDITORES
Balderas 95, C.P. 06040, México, D.F.
Teléfono 521-50-98
Fax 512-29-03

Miembro de la Cámara Nacional de la Industria
Editorial Mexicana. Registro número 121

Primera edición: 1988

Primera reimpresión: 1992

Printed on American paper by: R. R. Donnelley
& Sons (0892)

ISBN 968-18-2592-6
ISBN 968-18-2572-1 (serie completa)

Esta obra se terminó de imprimir en agosto de 1992
en los talleres de R.R. Donnelley & Sons Company
Book Group 1145 Conwell Avenue Willard, Ohio,
USA 44888-0002

La edición consta de 20,000 ejemplares más
sobrantes para reposición

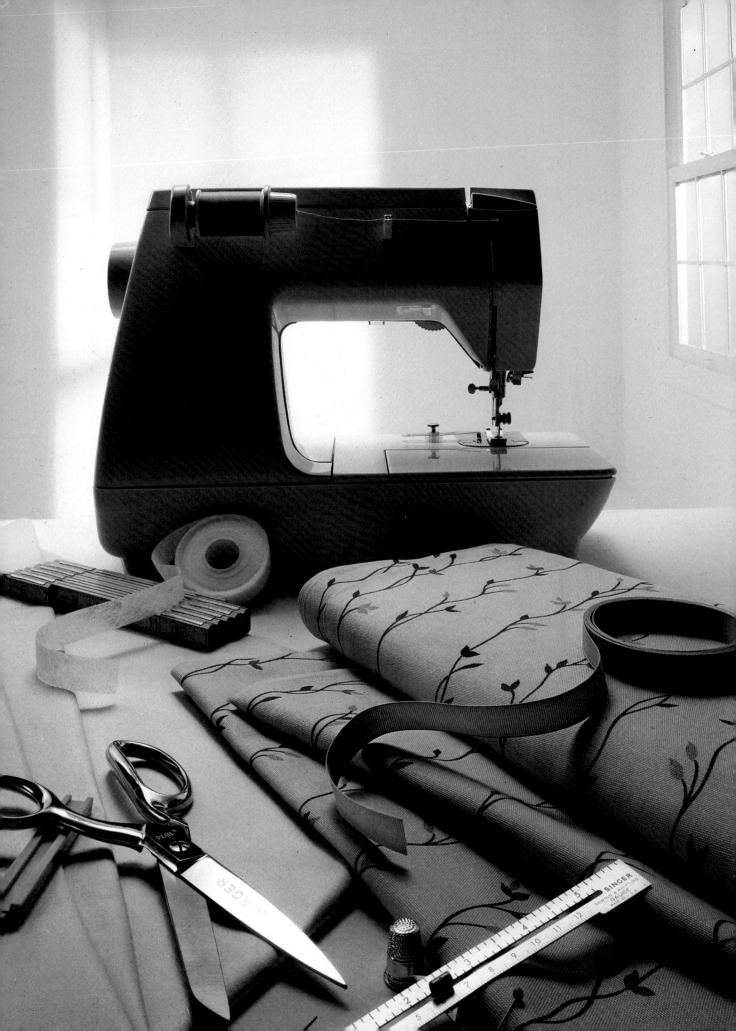

Cómo usar este libro

Costura para el hogar le ofrece una amplia selección de ideas decorativas para coser. En la confección de estos artículos, se ha considerado el costo, la sencillez en la hechura, y la facilidad en el cuidado y coordinación de los colores y diseños. También se ha tomado en cuenta el tiempo que se requiere para su elaboración; muchas de estas realizaciones pueden terminarse en una tarde o una noche. Asimismo se incluyen secretos de diseñador que se pueden aplicar a creaciones de decoración en el hogar.

Conocimientos básicos de costura para el hogar

Se inician con los conocimientos básicos de la tela y la selección de color; luego se indica la forma de usar la máquina de coser y el equipo estándar para que se consigan los mejores resultados en la costura. También se aprenderá lo relacionado con los aditamentos opcionales para la máquina, que hacen que la costura decorativa para el hogar sea fácil y rápida.

Las instrucciones para muchas de las creaciones incluyen diferentes métodos de costura y sugieren técnicas para ahorrar tiempo, como la red fusionable que sirve para unir dos telas, el refuerzo termoadherible para fijar una abrazadera, o la cinta Velcro^{MR} para cerrar un almohadón.

Antes de comenzar a coser, lea la información de las páginas 4 a 21 para que se familiarice con las técnicas fundamentales de la costura decorativa para el hogar.

Guía por pasos

Este libro está dividido en cuatro secciones principales: ventanas, almohadones, mesas y camas. En el caso de las ventanas se proporcionan instrucciones para una variedad de las cortinas preferidas, como las de pliegues con garfios, con frunces y las cortinas con holanes, junto con instrucciones para muchas otras creaciones de cortinas elegantes, incluyendo algunas variaciones de persiana romana. Los almohadones van desde los estilos sencillos de arista aguda, hasta almohadones con orillas anchas, de cajón con abullonado o con frunces. Para las mesas, se indica la forma de hacer manteles reversibles, redondos o rectangulares, centros de mesa acolchados, manteles individuales con cenefa y seis diferentes tipos de servilletas. También se explica la forma de hacer un edredón, o una funda para uno con mucho uso, fundas para almohadones y rodapiés.

Al principio de cada sección hay una introducción a la misma. Esta incluye la manera de tomar las medidas exactas para las creaciones y lo que se debe tener en cuenta al seleccionar los accesorios de costura y la tela. Las instrucciones para el corte se explican detalladamente al principio de cada creación. Para fácil consulta, las telas y los artículos de mercería que se usarán, están anotados dentro de un cuadro que dice: **SE NECESITARÁ.**

Las indicaciones que se dan paso por paso son completas, no se necesita comprar patrones adicionales. Las fotografías que acompañan a las instrucciones indican cómo debe verse la creación en cada paso de su elaboración.

Las técnicas de costura que se aplican en una creación, pueden aplicarse en otra. Se utiliza el mismo método para la hechura de holanes en las cortinas que en almohadones o en accesorios para cama. La técnica para formar los ingletes en un mantel es la misma que se usa en almohadones o en manteles individuales.

Creaciones fáciles para la decoración del hogar

Las personas con mucha experiencia en la costura pueden realizar cualquiera de las creaciones que se han diseñado; los almohadones de arista aguda, las cortinas para baño, las servilletas o las persianas con rodillo son más propias para las personas con menos experiencia.

A fin de inspirar su creatividad y ayudarla a imaginar los resultados finales, las creaciones que se ven en este libro están hechas con telas combinables. Se verá cómo una misma tela puede usarse para diversas confecciones. Comience con una creación que sea el punto central de la habitación, luego use las telas sobrantes de las creaciones más grandes en accesorios atractivos y combinables.

Ojalá que la guía por pasos, las técnicas prácticas y los consejos de diseño presentados en *Costura para el hogar* le animen a diseñar y realizar sus propias creaciones para la decoración del hogar.

Telas para la decoración del hogar

El conocimiento de las fibras, los acabados y las propias telas, le facilitarán la selección de las mejores telas para sus creaciones en el hogar. La información sobre fibras y acabados, está en la etiqueta del rollo de tela o en la ceja de las telas para decoración.

Términos que hay que conocer

La fibra es la unidad básica del hilo antes de que se le convierta en tela. La proporción de fibra afecta la durabilidad y el cuidado de la tela.

Las fibras naturales son las más puras que hay. Entre ellas están: la lana, el algodón, la seda y el lino (tela de). Las fibras naturales son aislantes y durables, entre otras cualidades.

Las fibras sintéticas se elaboran químicamente. Las fibras sintéticas, como el poliéster, el nylon y el acrílico están asociadas generalmente a características de cuidado fácil y son apropiadas para utilizarse en el hogar.

Las telas combinadas son mezclas de fibras que reúnen las mejores cualidades de dos o más fibras en una tela.

Acabado es el tratamiento que se le da a una tela para cambiar sus cualidades o mejorar su apariencia, su cuidado o textura (al tacto). Los acabados pueden hacer que una tela sea resistente a las arrugas, al moho, a las manchas de aceite y de agua, o bien le agregan brillo y estabilidad.

Un acabado permanente por lo general se usa para describir la resistencia a las arrugas y al encogimiento. En realidad, pocos acabados resultan permanentes en la vida de la tela. Aunque éstos sean durables, pueden perder su eficacia con el lavado, el planchado y el lavado en seco.

Las telas para decoración están diseñadas para creaciones de decoración en el hogar. Por lo general tienen 122 cm (48") de ancho y acabados especiales, que son los apropiados para los artículos del hogar.

Las telas para prendas de vestir se usan generalmente en la confección de ropa, sin embargo, las telas como el percal, el brocado,la popelina, el algodón peinado, la guinga, el satén o la muselina también pueden usarse en la casa.

El motivo abarca la extensión a lo largo y a lo ancho del dibujo o diseño impreso en la tela. Por lo general se requerirá comprar un motivo adicional por cada largo que use. La medida del motivo casi siempre está impresa en la etiqueta o en la orilla de la tela para decoración.

El orillo es la orilla longitudinal con acabado de una tela tejida.

El hilo de la tela es la dirección en que corren los hilos. Las telas tejidas están formadas por hilos entrecruzados horizontal y verticalmente. Cuando los hilos se cruzan en ángulos rectos perfectos, la *tela está al hilo*. Si el cruce no es en ángulos, la tela *está torcida*. Evite comprar la tela que está torcida ya que es difícil trabajar con ella y no caerá apropiadamente.

Otras consideraciones prácticas

Las telas no se deben lavar antes. Muchas están tratadas con acabados especiales para proteger su belleza y para que no se ensucien. El lavado podría quitar este acabado, alterar la textura de la tela y hacer que los colores se corran. Lave en seco sus creaciones una vez terminadas para que conserven su apariencia. Si decide lavar la tela, use agua fría y un jabón sin detergente.

Guía para la selección de telas

Creación	Telas que pueden usarse	Acabados apropiados
Cortinas, tapicería	Telas ligeras delgadas y semidelgadas: algodón, mezcla de algodón y poliéster, organdí suizo; encaje, batista y gasa. Telas opacas, de grueso medio como satinadas y muselina de algodón, lino y combinación de éste, de tejido abierto; de superficie suave como el calicó y el algodón peinados, el raso antiguo, la seda el moaré.	Repelentes al aceite y al agua; resistentes al Sol; que no se enmohezcan, que se hayan encogido previamente de manera que lo que les queda por encoger no exceda de 1% en cualquier dirección.
Persianas	Para persianas romanas y de rodillo, telas de tejido cerrado como la lona, la mezclilla, la popelina, el algodón peinado. Para persianas abullonadas; telas delgadas y semidelgadas como el organdí suizo, el brocado, mezcla de algodón con poliéster, el calicó y el algodón peinados.	Repelentes al aceite y al agua; resistentes al Sol; que no se enmohezcan, que se hayan encogido previamente para que lo que les queda por encoger no exceda de 1% en cualquier dirección.
Forros, fundas para almohadones	Satén blanco o color hueso, muselina, lienzos para sábanas.	Forros encogidos previamente para cortinas y persianas lavables.
Almohadones, cojines	Telas de tejido cerrado para que conserven su forma, como el algodón peinado o el raso de algodón, el lino y el calicó, el terciopelo de algodón y la pana.	Repelentes al aceite y al agua; a la mugre y las manchas.
Manteles, servilletas, manteles individuales	Algodón peinado o raso de algodón, lino, percal, mezclas de algodón y poliéster, telas acolchadas, algodón de tejido flojo.	repelentes al aceite y al agua; a la mugre y a las manchas; colores finos; cuidado fácil.
Edredones, forros, cubiertas, holanes para polvo	Telas de tejido cerrado, lavables; sábanas, franela de algodón y calicó peinados. Para holanes, tira bordada, organdí suizo, encaje.	Lavables; colores firmes, cuidado fácil.

Mezcla y combinación de telas

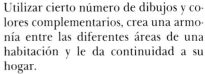

Utilizar cierto número de dibujos y colores complementarios, crea una armonía entre las diferentes áreas de una habitación y le da continuidad a su hogar.

Los diseños geométricos, las rayas, los dibujos y los colores lisos pueden trabajar juntos para dar a una habitación estilo y atractivo. Los fabricantes de telas facilitan su coordinación al diseñar grupos de dibujos, estampados y colores lisos complementarios que se pueden usar en cualquier combinación.

Si quiere decidir sobre la coordinación, desenrolle las telas y compárelas por ambos lados con luz natural. Examine las telas desde varios ángulos para juzgar la compatibilidad del diseño y el color.

Los rollos de tela por lo general vienen de lotes diferentes de teñido. Para evitar problemas con leves variaciones del color o diferencias en la impresión del dibujo, compre las telas para una creación de un solo rollo. Revise las telas con dibujo para asegurarse de que están impresas sobre el hilo recto. Recuerde también que con telas más anchas necesitará hacer menos costuras, sobre todo en las cortinas.

Tenga en cuenta el lugar en que va a usar la tela y cómo combina con las otras telas de la habitación. La mayoría de las tiendas tiene recortes o muestrarios de las telas que vende para decoración. Quizás le permitan llevarse los muestrarios a su casa. Esto le dará la oportunidad de ver la tela en contraste con las otras y con la luz de su casa la cual puede ser muy diferente a la de la tienda. Si no puede obtener un muestario, pida una muestra del rollo o compre un pedazo pequeño antes de invertir en un corte mayor.

Selección de colores

Tenga estos puntos en mente al comprar las telas.

• ¿Qué colores hay ya en la habitación? Cuando vaya a comprar la tela, lleve un trozo pequeño de la pintura de la habitación y una muestra de la alfombra o un pequeño cojín.

• ¿Qué tonos de madera hay en la habitación? Los colores de la tela pueden realzar los tonos y la riqueza de la madera.

• El color afecta el estado de ánimo. Los tonos pastel, los neutros y los fríos, como los azules y algunos verdes son calmantes. Los tonos brillantes y los colores tibios, como los rojos y los amarillos tienden a estimular. Los colores oscuros crean un ambiente acogedor.

• Los colores alteran las percepciones. Estos parecen más oscuros en contraste con los de fondo claro, y más claros comparados con superficies oscuras. Los colores cálidos hacen que los objetos parezcan más grandes, mientras que con los colores fríos parecen alejarse. En general, evite utilizar colores fuertes en habitaciones pequeñas.

• Tenga en mente la distribución de la habitación. Tal vez desee darle calor a un cuarto frío con tonos cálidos o refrescar una habitación caliente con tonos azul claro.

• La mugre resalta más sobre los tonos claros que sobre los oscuros.

• En las ventanas, los colores pálidos difunden la luz, mientras que los oscuros la obstruyen. Mantenga un largo de tela a la luz del sol para ver si logra el efecto que desea.

• Finalmente, considere sus preferencias. Aplique estos consejos y sus propios gustos para escoger los colores y diseños que embellezcan su hogar y reflejen su estilo personal.

Equipos y accesorios para costura

Elementos básicos

La costura en la decoración del hogar requiere del mismo equipo básico que la costura de prendas de vestir, además de los utensilios para la medición de las ventanas y los muebles. Utilizar el equipo adecuado facilita más el trabajo y hace que los resultados sean satisfactorios.

1) El enhebrador hace más fácil enhebrar las agujas, ya sea para coser a mano o a máquina.

2) Los alfileres con cabeza de plástico o vidrio son más fáciles de manejar.

3) El dedal protege el dedo medio al coser a mano.

4) Las agujas para costura a mano son agudas. Compre un paquete con agujas de diferente tamaño para distintos tipos de costura.

5) Los alfileres en forma de T son largos, gruesos y de cabeza ancha, y se usan para fijar la tela a superficies sólidas.

6) Los alfileres para acolchado son más largos y sirven para trabajar con telas pesadas o gruesas.

7) El hilo para uso general se utiliza para coser a mano o a máquina en la mayor parte de las telas. Dependiendo del contenido de fibra de la tela, escoja hilo que sea totalmente de algodón, mezcla de algodón y poliéster, o de poliéster solo.

Utensilios para medir

Lo más importante en la decoración del hogar es la medición exacta. Los siguientes utensilios le ayudarán a hacer cálculos correctos para la compra y corte de la tela.

1) La escuadra de carpintero es una regla en forma de L, usada para determinar los ángulos rectos perfectos y los marcos de inglete que son esenciales en cortinas, persianas, manteles y almohadones.

2) La cinta métrica plegable de madera se usa para medir áreas grandes. Debido a su estabilidad, esta cinta es más exacta que un flexómetro.

3) La regla de madera se usa para medir el largo o la extensión lisa de la tela y para marcar y escuadrar en línea los hilos de la misma. La superficie de la regla debe ser pulida para que la tela no se lastime.

4) El flexómetro sirve para medir las ventanas y otras áreas grandes. También es útil en la medición de curvas.

5) La guía de costura realiza medidas rápidas y cortas como las de los dobladillos. Esta regla de metal o de plástico de 15 cm (6") tiene un marcador que se desliza para que las medidas sean exactas.

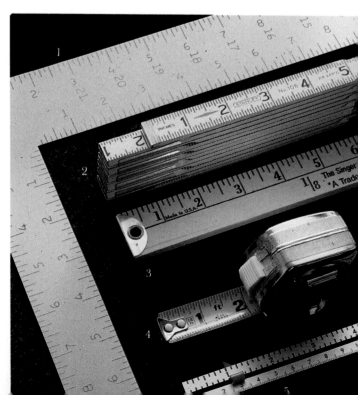

Utensilios para marcar y cortar

Después de realizar los cálculos cuidadosamente y de tomar las medidas exactas, marque y corte la tela que preparó para coser. Tenga a mano una variedad de utensilios para marcar las telas de diferentes colores y texturas. Los utensilios de buena calidad para cortar son también una buena inversión.

1) La tabla para cortar está marcada con líneas horizontales y verticales; se pueden extender para cortar hasta 1.85 m (más de 2 yardas) de tela. Se hace de cartón grueso para que la tela se pueda clavar en su lugar. Quizá sean necesarias dos tablas para accesorios más grandes como las cortinas de techo a piso.

2) La greda está diseñada especialmente para marcar directamente sobre la tela y quitarla fácilmente.

3) Las tijeras rectas largas tienen mangos derechos y se usan para recortar y enderezar las orillas. Una hoja ligera y delgada ayuda a la precisión.

4) El descosedor se usa también para quitar puntadas, Úselo con cuidado para evitar rasgaduras de la tela.

5) Las tijeras de sastre permiten que la tela se mantenga extendida mientras se corta. Estas tijeras deben de ser ligeras, fáciles de usar y de 20.5 ó 23 cm (8" ó 9") de largo.

6) Los lápices para marcar hacen líneas fuertes y definidas en telas firmes. Hay dos tipos de lápices, uno hace una marca que se puede quitar con agua, la marca que hace el otro, desaparece a las 48 horas. Pruebe los lápices para marcar en un recorte de tela antes de usarlos. El planchado fija permanentemente las marcas; si las marcas están en el lado derecho de las telas, no planche hasta que las haya eliminado.

Artículos de mercería

Estos artículos tienen tres objetivos en la decoración del hogar. Algunos, como las argollas que se usan en las persianas romanas, son esenciales para la confección de un artículo; otros, como la red fusionable y el pegamento para telas, hacen más fácil la costura. Los artículos como los cordones, cenefas, galones y cintas son simplemente decorativos.

1) Las cintas decorativas como la cinta de bies (**1a**), el galón (**1b**) y el listón (**1c**) se pueden encontrar en una gran variedad de colores y estilos para complementar los artículos que elabore. Seleccione las cintas con el mismo cuidado que la tela.

2) Los cordones, las cintas y las argollas (2a) tienen usos específicos en ciertas creaciones. Estos accesorios se describen en las instrucciones de las creaciones que los requieren.

3) La red fusionable se usa para dobladillos o para unir dos telas. Se vende en tiras delgadas para dobladillos, o en lienzos de 46 cm (18") de ancho para unir áreas mayores.

4) Los pegamentos para tela como el lápiz adhesivo (**4a**) y el pegamento para trabajos manuales o blanco (**4b**) se pueden usar para hilvanar temporalmente, o para aplicaciones permanentes de relleno acrílico, o bien para pegar cintas en artículos que no tendrán mucho movimiento.

5) El líquido para evitar el deshilachado es invisible luego que seca y evita que las orillas de la tela se deshilachen. Úselo como agente temporal para prevenir el deshilachado mientras trabaja con la tela, o como acabado permanente en costuras y orillas que queden expuestas.

6) La aspersión para proteger de machas puede usarse en muchos de los artículos decorativos para el hogar, a fin de evitar que la tela absorba una sustancia derramada. Para aplicarla, siga las instrucciones del envase.

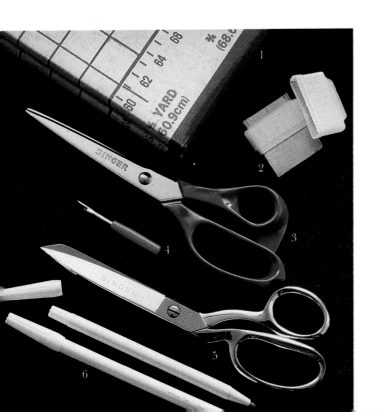

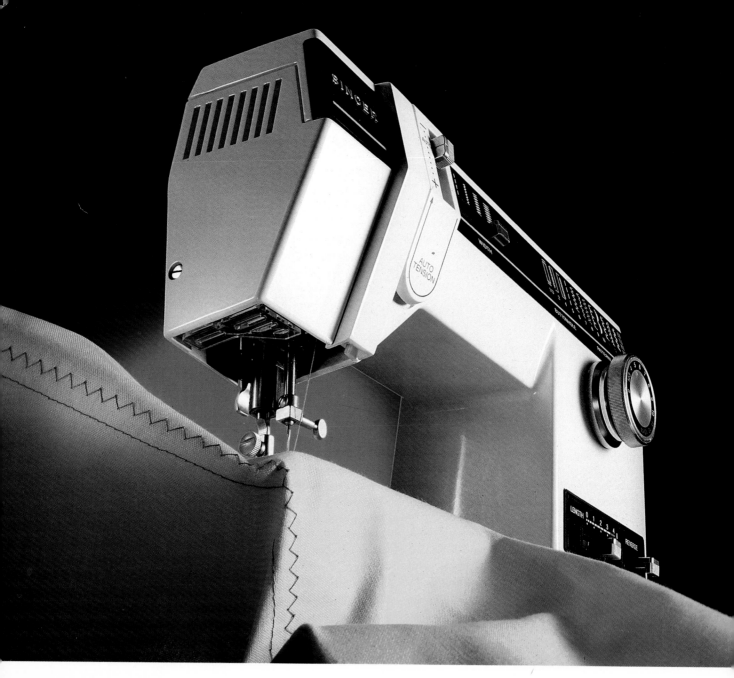

Puntadas a máquina

La mayor parte de la costura decorativa para el hogar, puede realizarse completamente a máquina con una puntada recta o de zigzag. Aunque hay diferentes tipos de máquinas de coser, cada una tiene las mismas partes y controles básicos. Consulte el manual de su máquina para repasar los procedimientos de enhebrado y para localizar los controles de las partes principales.

La tensión, la presión y el largo de la puntada son los tres ajustes principales para obtener una puntada recta o de zigzag perfecta. Es conveniente escoger la aguja y el hilo apropiados para cada creación y tela si se quiere elaborar una costura de calidad.

La tensión es el ajuste entre el hilo superior y el de la bobina a medida que pasan por la máquina. Cuando se logra el ajuste perfecto, las puntadas se ven parejas por ambos lados de la tela ya que se unen en medio de las capas de tela. Si la tensión está demasiado apretada las costuras se fruncen y las puntadas se rompen fácilmente. Si la tensión está muy floja las puntadas se aflojan y se enredan en la capa inferior de la tela.

La presión regula el paso uniforme de las capas de tela. Cuando la presión es muy pesada, la capa inferior se frunce, haciendo pasar la capa superior más allá del prensatelas. Esta irregularidad puede ocasionar una diferencia de varios centímetros en el extremo de una costura larga como la de una cortina. La presión demasiado ligera puede originar saltos en las puntadas, haciendo que las costuras queden torcidas, chuecas o poco resistentes.

El largo de la puntada se controla mediante un regulador que está en una escala de pulgadas de 0 a 20, una escala métrica de 0 a 4 ó una escala numérica de 0 a 9. En las escalas métrica y numérica, los números mayores dan puntadas mas largas y los números menores puntadas más cortas. Para puntadas normales, gradúe el regulador de 10 a 20 puntadas por cada 2.5 cm (1 pulg). Esta graduación equivale de 2.5 a 3 cm en la escala métrica y a 5 en la numérica.

La aguja, de tamaño 14/80, es para uso general cuando se cosen telas de grueso medio. Debido a que el tejido firme y el acabado con resinas gastan rápidamente la aguja, hay que cambiarla con frecuencia. Para evitar lastimar la aguja, quite los alfileres de las costuras conforme vaya cosiendo. Nunca cosa sobre los alfileres o los deje introducirse bajo la tela, donde pueden tocar el impelente.

El hilo para uso general sirve para la mayoría de las creaciones de decoración para el hogar. Utilice uno de grosor común. Escoja hilo que sea totalmente de algodón, de poliéster solo, o una mezcla de algodón y poliéster que iguale el tipo de fibra de la tela. Para lograr un ajuste apropiado en la tensión, use el mismo tipo de hilo en la bobina que en la aguja.

Enhebre correctamente la máquina, ya que de otra manera la puntada puede salir mal. Para volver a enhebrar la máquina, en caso de que el hilo se atore en el tensor o sobre el carretel, quite completamente la bobina y comience de nuevo.

Utilice un retazo de tela para probar la tensión, la presión y el largo de la puntada antes de comenzar a coser. Compruebe el ajuste de la tensión, enhebre la máquina con hilos de diferente color tanto en el carrete como en la bobina para que las puntadas sean más fáciles de distinguir.

Puntadas recta y de zigzag

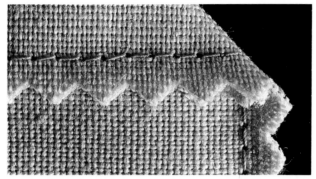

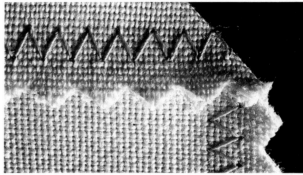

La puntada recta debe entrelazarse en medio de las capas de tela de manera que las puntadas sean del mismo largo en ambos lados de la costura. Ajuste la tensión y la presión para que las puntadas no se rompan fácilmente y la costura no se frunza.

La punta de zigzag está ajustada correctamente cuando los hilos se entrelazan en las esquinas de cada puntada. Las puntadas deben estar lisas. Ajuste el ancho y la densidad del zigzag con los reguladores del largo y ancho de puntada.

Términos de puntadas a máquina

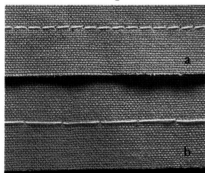

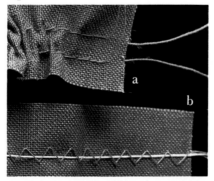

El hilván (a) es la puntada recta más larga en la máquina: 6 en la escala de pulgadas, 4 en la escala métrica y 9 en la escala numérica. Algunas máquinas de coser tienen puntada de hilván por separado **(b)** que hace dos puntadas por cada 2.5 cm (1 pulg). Se utiliza para hilvanar rápido costuras derechas.

El pespunte para fruncir se hace con dos hileras de pespunte colocadas a 1.3 cm (1/2") y a 6 mm (1/4") de la orilla de la tela. **(a)** Afloje la tensión, use un hilo resistente en el carretel y jálelo para formar los pliegues. **(b)** Para áreas largas de pliegues haga zigzag sobre un cordón, hilaza o hilo dental sin coserlo y jale el cordón para hacer el pliegue.

El pespunte en la orilla se coloca en la orilla del dobladillo o del doblez. El prensatelas y la placa aguja para puntada recta ayudan al estrecho control necesario en el caso de este tipo de puntada. El pie angosto se mueve sobre la orilla doblada y el pequeño hueco para la aguja de la placa proteje las telas frágiles de atorarse en el impelente.

Costuras básicas

Todas las costuras en accesorios decorativos para el hogar son de 1.3 cm (1/2"), a menos que se especifique de otra manera. Para rematar una costura recta, haga una puntada de retroceso de 1.3 cm (1/2") en el extremo de cada una de las costuras. En accesorios decorativos para el hogar, se utilizan cuatro técnicas para las costuras.

1) La costura sencilla es adecuada para casi todo tipo de tela, y su aplicación se recomienda cuando se planea encerrarla o cubrirla con un forro.

2) La costura francesa elimina los bordes sin acabado en las costuras expuestas. En la confección de prendas de vestir, la costura francesa se usa principalmente en telas delgadas, en la decoración del hogar puede usarse siempre que esté visible una costura en el lado opuesto de la tela o cuando ésta se vaya a lavar frecuentemente.

3) Costura tipo inglesa, o con ribete de la misma tela, como la costura francesa, encierran completamente las orillas. Para estas costuras, cosa por el lado opuesto de la tela. Use el aditamento para la hechura de dobladillos angostos para ahorrar tiempo.

4) Las costuras sobrehiladas o de zigzag son costuras sencillas con terminado de zigzag para evitar que se deshilachen. Úselas en telas pesadas o con diseños en relieve ya que éstas resultan demasiado voluminosas para la costura francesa y para costuras completamente cubiertas. Algunas máquinas tienen un selector para sobrehilado, con el que cosen y terminan la orilla al mismo tiempo. Para estas costuras deje 6 mm (1/4") de pestaña.

Las costuras largas y rectas tienden a fruncirse en ciertas telas, sobre todo en las delgadas. Para evitar esto, practique la costura tensa. Conforme vaya cosiendo, sostenga los dos extremos de la tela en frente y detrás de la aguja como si la tela estuviera en un bastidor para bordar. No estire. Sostenga la tela tirante y déjela que avance por sí sola en la máquina.

Cómo hacer una costura sencilla

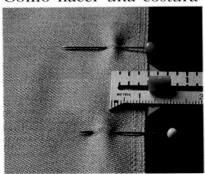

1) Prenda juntos los lados derechos de la tela con alfileres sobre la línea de la costura en ángulos rectos con relación a la orilla, para que sea fácil quitarlos. Si se utiliza cinta para hilvanar, colóquela en la orilla para evitar que pueda coserla.

2) Use la guía para costuras a fin de que éstas queden uniformes. Haga una puntada en retroceso para rematar la costura, luego cosa y vaya quitando los alfileres conforme llegue a ellos. Remate al final de la costura. Levante el prensatelas y quite la tela jalando de 5 a 7.5 cm (2" a 3") de hilo hacia la izquierda.

3) Corte los hilos cerca del final de las costuras. Abra éstas o hágalas hacia un lado y plánchelas. Si las costuras están en la ceja, haga cortes diagonales en ésta cada 2.5 cm (1") para evitar que se frunza.

Cómo hacer una costura francesa

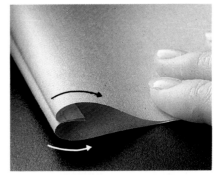

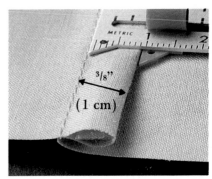

1) Prenda juntos los reveses de la tela. Haga una costura con pestaña de 6 mm (1/4"). Plánchela hacia un lado. Para acabado de costuras. más angostas, córtelas dejándolas de 3 mm (1/8")

2) Voltee y junte los lados derechos de la tela para encerrar la costura cortada. La línea de la costura debe quedar exactamente en el doblez.

3) Haga la costura a una distancia de 1 cm (3/8") de la orilla doblada, de modo que la primera costura quede encerrada. Planche la costura hacia un lado. Si se cortó la primera costura, cosa 6 mm (1/4") a partir de la orilla.

Cómo hacer una costura tipo inglesa

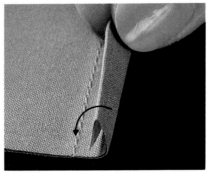

1) Prenda juntos los lados derechos de la tela con la orilla de la capa superior a 1.3 cm (1/2") de la orilla de la capa inferior. Haga una costura de 2 cm (3/4") a partir de la orilla de la capa inferior de la tela.

2) Doble y presione la tela sobre la costura 6 mm (1/4"), dejando que la capa inferior se encuentre con la orilla de la capa superior. Doble y presione de nuevo la tela de manera que cubra la línea de la costura.

3) Realice la puntada de orilla cerca del doblez. Presione la costura hacia un lado jalándola suavemente para eliminar pliegues. O bien, utilice el dobladillador angosto para la puntada final (pág. 18).

Tres formas de hacer una costura sobrehilada

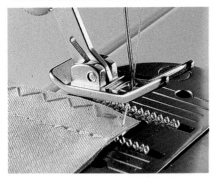

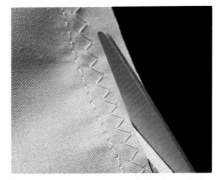

Costura sencilla con zigzag. Haga una costura sencilla de 1.3 cm (1/2"). La costura de zigzag queda casi junto a la orilla. Esto elimina adornos en la costura, pero da por resultado una costura más ancha. Presione la costura hacia un lado. Esta es la costura de orilla más fácil de coser y es apropiada para la mayor parte de las telas.

Costura angosta con puntada de zigzag. Haga una costura sencilla de 1.3 cm (1/2"). La puntada de zigzag queda unida si se cose con zigzag ancho cerca de la costura. Corte la orilla dejando el zigzag cerca de la costura. Esta puntada requiere tiempo para ajustarla. Se usa como alternativa de las costuras francesas.

Costura de sobrehilado. Antes de coser, corte la orilla para que queden 6 mm (1/4"). Luego, cósala con puntada de sobrehilado a máquina. Esto hace que la costura quede derecha y el zigzag sobre la orilla cortada al mismo tiempo. Use esta costura para telas de grueso medio o pesadas, que pueden deshilacharse.

Accesorios para ahorrar tiempo

Muchas de las creaciones para decoración del hogar, requieren costuras y dobladillos largos. Existen varios aditamentos para la máquina y pie especial para hacer dobladillos rápidos, ribetes, holanes y puntadas rectas. Algunos de estos accesorios vienen con la máquina, otros se pueden conseguir con el distribuidor de máquinas de coser.

Antes de comprar los aditamentos para usos especiales, averigüe si su máquina tiene caña alta, baja o inclinada. Consulte el manual de su máquina si no está segura del tipo de caña de ésta. El prensatelas de presión se adaptará a cualquier máquina con caña de presión para uso general.

El prensatelas para uso especial se usa para costura decorativa y para bordado a máquina. El prensatelas de plástico permite ver fácilmente la puntada y la ranura que tiene en la parte inferior deja que se junte el hilo. Use un prensatelas para costura general y para tareas especiales como el sobrehilado con puntada de zigzag.

El prensatelas para acordonados y cierres de cremallera se utiliza para colocar cierres de cremallera, aplicar la cinta de broches de presión y realizar y adaptar acordonados. Se ajusta a uno u otro lado de la aguja, permitiendo que la costura quede cerca del reborde en uno de los lados de la costura.

El prensatelas Even FeedMR hace avanzar tanto la capa superior como inferior de tela al mismo tiempo, asegurándose de que las puntadas comiencen y terminen iguales. Este prensatelas mantiene alineadas las telas a cuadros y otros diseños semejantes en costuras largas. Se utiliza para telas pesadas, voluminosas o acolchadas como en las persianas con aislantes.

El bastillador angosto dobladilla automáticamente la orilla de la tela y cose una bastilla de 3 mm (1/8"), sin planchar ni prender. El prensatelas es útil para la hechura de dobladillos y para costuras tipo inglesa.

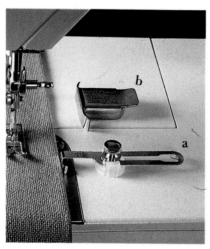

La guía para hechuras de costuras permite mantener parejas las orillas de la costura. (**a**) Se sujeta a la base de la máquina y se ajusta para costuras anchas hasta de 3.2 cm (1 1/4"). (**b**) Una guía magnética para la hechura de costuras se sujeta a cualquier base de metal de la máquina de coser.

La barra guía para hechura de acolchado se mueve sobre la primera hilera de puntadas para formar en el acolchado líneas perfectamente paralelas. Se usa para sobrepespuntes o para el acolchado en líneas paralelas. La barra guía se ajusta para anchos hasta que 7.5 cm (3") y puede usarse en uno u otro lado de la aguja.

Aditamento para la hechura de holanes

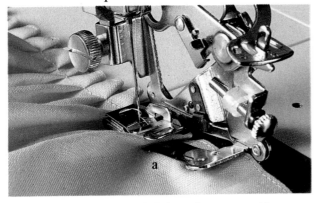

El aditamento para hechura de holanes frunce automáticamente tiras de tela ligera o de grueso medio. El volumen que adquiera la tela depende del largo de las puntadas; las puntadas cortas dan más volumen que las largas. (**a**) Pliegue una capa de tela.

O bien, pliegue una capa y únala con otra al mismo tiempo. (b). Distribuya al exceso de tela en cada puntada o a intervalos de 6 a 12 puntadas. Use este aditamento para la hechura de pliegues en cortinas, almohadones o ródapiés.

Guía y prensatelas para la hechura de dobladillos con puntada invisible

El prensatelas para hechura de dobladillos con puntada invisible se usa para dobladillos a máquina con puntada invisible. (**a**) El prensatelas acomoda los dobladillos para coserlos con puntadas recta y de zigzag, las cuales no son visibles en el lado derecho. (**b**) La

guía para la hechura de dobladillos con puntada invisible se usa con el prensatelas de uso general, para acomodar éstos y luego coserlos con puntada invisible.

Aditamento para pegar ribetes

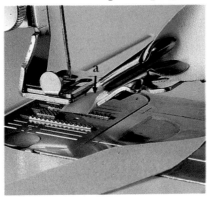

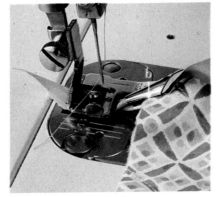

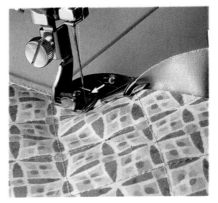

El aditamento para hechura de ribetes se utiliza para doblar y colocar tiras del bies en un solo paso. Corte primero una punta aguda en el extremo de la tira de bies. Meta la punta a través del rodillo con roscas en el prensatelas. (**a**) Jale la punta pasándola de

modo que la tira se doble hacia el interior. Cosa unas cuantas puntadas para fijar el doblez del bies. Introduzca la tela de manera que se mueva dentro de la ranura entre los dos rodillos. (**b**) Ajuste la posición del prensatelas con objeto de que la aguja cosa en la

orilla del doblez. (**c**) Guíe la tela con cuidado conforme vaya cosiendo. Use el aditamento para la hechura de ribetes para acabado de orilla en cualquier tela.

Costura a mano

Casi todas las creaciones de costura para la decoración del hogar pueden hacerse a máquina, sin embargo, la costura a mano es necesaria. Cerrar las costuras abiertas en almohadones, colocar cintas decorativas y el acabado de dobladillos son tareas que quizás requieran la delicada costura a mano.

A fin de facilitar la costura a mano, pase el hilo por la cera de abeja para reforzarlo y para que no se enrede. Para el hilván use una aguja larga. Para dobladillos y uniones generalmente es más fácil con una aguja corta.

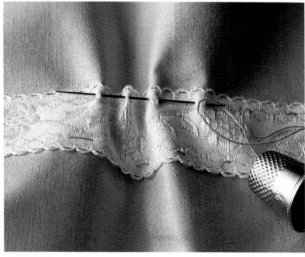

El hilván es una puntada recta que se usa para el hilvanado temporal, con objeto de embeber costuras o para hacer frunces. Cosa de derecha a izquierda, haciendo varias puntadas con la aguja antes de jalarla. Para embeber costuras o pliegues haga puntadas de 3 a 6 mm (1/8" a 1/4") de largo. Para hilvanar, haga puntadas de 1.3 a 2 cm (1/2" a 3/4") de largo; acostumbre puntadas más largas para hilvanado rápido.

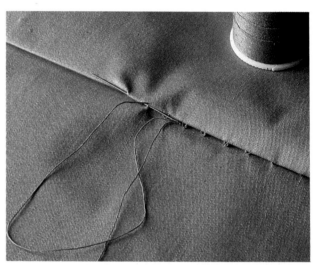

La puntada deslizada es una puntada casi invisible que puede usarse en dobladillos, aberturas de costuras, forros o cintas decorativas. Cosa de derecha a izquierda; sosteniendo la orilla doblada en la mano izquierda. Introduzca la aguja a través del doblez y jálela pasando el hilo. Luego haga una pequeña puntada en el cuerpo de la tela, dejando la punta directamente opuesta a la parte donde salió el hilo. Continúe realizando puntadas cada 6 mm (1/4").

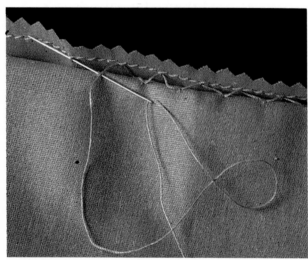

La puntada invisible hace que un dobladillo no sobresalga en uno u otro lado. Cosa de derecha a izquierda apuntando la aguja hacia la izquierda. Haga una pequeña puntada en el cuerpo de la tela. Voltee ligeramente por el revés la orilla del dobladillo y haga la siguiente puntada pequeña como la anterior, ahora en la parte inferior del dobladillo a una distancia de 6 mm a 1.3 cm (1/4" a 1/2") a la izquierda de la primera puntada. No jale demasiado el hilo.

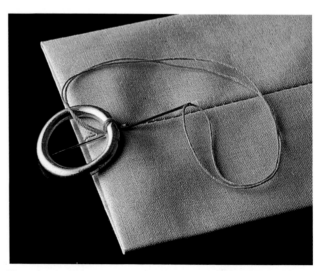

Puntada para sujetar se utiliza para coser argollas, plaquitas de metal que aumentan el peso en los dobladillos y para asegurar forros o sostener las vistas en su lugar. Con hilo doble, haga 2 ó 3 puntadas en el mismo lugar, una encima de la otra. Asegure con puntadas de remate. Cuando haga una de estas puntadas en una costura con varias capas de tela, no cosa hasta la última capa.

Superficie de trabajo acojinada

Haga una superficie de trabajo acojinada para extender su tela para cortar, medir, escuadrar las orillas y planchar. Para facilitar el trabajo con formas cuadradas y rectangulares, es conveniente que la superficie de trabajo sea amplia y tenga las esquinas cuadradas. La tela no se resbala en una superficie cubierta con muselina; también puede clavar y planchar directamente sobre ella.

Como superficie de trabajo para creaciones pequeñas, use el extremo cuadrado de una tabla común para planchar.

Use plancha rociadora de vapor para todo lo que necesite planchar. Para planchar la tela, levante y baje la planchar sobre el mismo lugar. Este movimiento de arriba a abajo evita que la tela se estire o distorsione. Deje que el vapor realice el trabajo. Para marcar dobleces o para quitar una arruga ya marcada, rocíe la tela con agua o con almidón en atomizador.

SE NECESITARÁ

Una puerta hueca o madera terciada de 2 cm (3/4") aproximadamente. .95 × 2.16 m (3' × 7'), montada en un caballete.

Acolchado, relleno de algodón (no de poliéster), protectores para mesa o cobertores de 6 mm a 1.3 cm (1/4" a 1/2") de grosor, lo suficiente para cubrir la puerta o la madera terciada 15 cm (6") en todos los lados.

Muselina o una sábana sin dibujo, aproximadamente 15 cm (6") más grande que la puerta o la madera terciada en todos los lados.

Cómo hacer una superficie acojinada

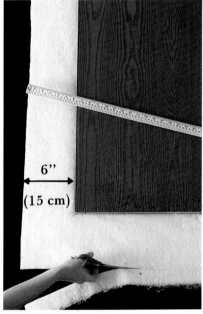

1) Coloque las capas de relleno en el piso o en una superficie grande y plana. Centre la puerta en la parte superior del relleno; corte éste 15 cm (6") más grande que la puerta, en todos los lados.

2) Doble el relleno sobre uno de los lados largos de la puerta y sujételo con 4 ó 5 grapas. Jale el relleno de la orilla opuesta y engrápelo. Repita lo mismo en los extremos. Asegúrelo con grapas a una distancia de 7.5 cm (3") entre cada grapa.

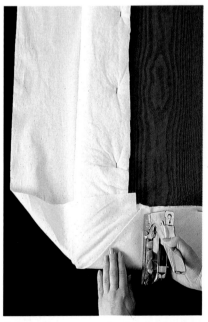

3) Centre la puerta acojinada sobre la muselina. Cúbrala y sujétela a una distancia de 7.5 cm (3") entre cada grapa. Vuélvala hacia el lado derecho y rocíe la muselina con agua. Conforme se seca, la muselina se encoge un poco, de manera que la cubierta se ajusta estrechamente.

Ventanas

Cortinas

Las cortinas son un artículo fundamental para darle un toque de elegancia a las ventanas. Algunas son de tela lisa sin pliegues, de manera que son más fáciles de limpiar y de planchar que muchas otras de diferentes estilos.

Con frecuencia, las cortinas están hechas de telas ligeras o delgadas. Las telas más pesadas, como el lino, el calicó o raso de algodón o el algodón fino son más apropiadas para cortinas formales de largo al piso. Las telas más ligeras y vaporosas son adecuadas para cortinas informales a la altura del antepecho y para cortinas estilo cafetería. La cantidad de tela que se requiere para cortinas delgadas por lo general es de dos y medio a tres veces el total del ancho de acabado para cortinas; en telas más pesadas únicamente se necesita el doble.

Las cortinas se montan en las ventanas en cortineros fijos o en barras. Los cortineros pueden ser sencillos, forrados con tela con pliegues entre los lienzos de la cortina, o anchos y planos como los cortineros Continental^{MR} y para galería.

Las jaretas que se conocen también como bolsillos para cortinero, son dobladillos que se cosen en la orilla superior de la cortina. Estos dobladillos están abiertos en ambos lados para que se pueda introducir un cortinero o una barra.

Las galerías en las cortinas son opcionales. La galería es un holán decorativo que se forma con la jareta en la orilla superior de la cortina.

Los forros agregan peso y cuerpo a las cortinas. Aunque un forro tal vez no sea necesario, puede mejorar la apariencia de la cortina y que ésta parezca como de fábrica.

Las cortinas con trabillas tienen tiras de tela en vez de jareta en la parte superior de la cortina. Estas cortinas se usan con adornos decorativos de latón o barras de madera.

Las cortinas con holanes tienen una apariencia elegante. Los holanes agregan peso a las cortinas y hacen que cuelguen y se plieguen en forma más atractiva.

Las abrazaderas son tiras de tela por separado que mantienen abiertas las cortinas y acentúan los pliegues de éstas. Las abrazaderas pueden ser rectas, con alguna otra forma o con holanes y generalmente están fijas en los lienzos de las cortinas.

Las cortinas para baño, son lisas, de una sola pieza con dobladillo y ojillos espaciados con uniformidad en la parte superior para colgarla.

Estilos de jaretas para cortinas

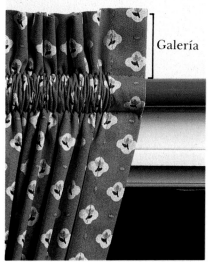

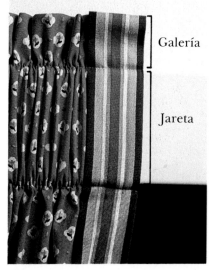

La jareta simple se cose a lo largo de la orilla superior de la cortina. Estas jaretas se usan para las cortinas delgadas que cuelgan detrás de cortinas pesadas, para cortinas de cenefa o de galería.

La jareta con galería. Las galerías forman una orilla con holán en la orilla superior de la jareta. La medida de las galerías es de 2.5 a 12.5 cm (1" a 5") de ancho, dependiendo del largo y ancho de la cortina.

La jareta ancha con galería se usa en los cortineros Continental o de galería. Es apropiada para cortinas en ventanas altas, o para cortinas al piso, en las que la medida de la galería debe corresponder al largo de la cortina.

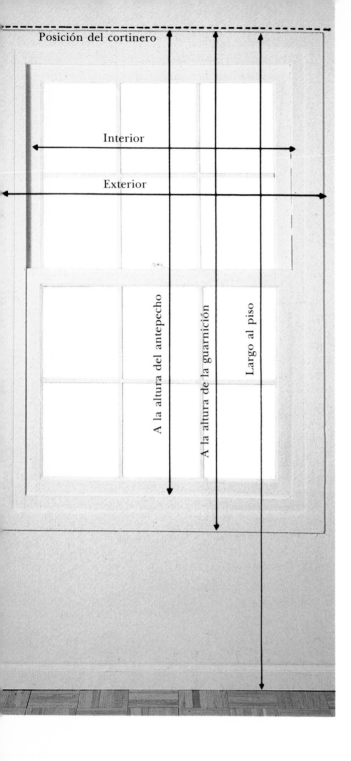

Posición del cortinero

Interior

Exterior

A la altura del antepecho

A la altura de la guarnición

Largo al piso

Medición de la ventana

Antes de medir las ventanas, seleccione el estilo de la cortina, visillo o persiana que vaya a confeccionar. El estilo de la ventana determina el tipo de accesorios metálicos que son necesarios para la instalación. En seguida decida exactamente el sitio de la ventana en que será adaptada, instale los accesorios metálicos y mida esta área para saber el tamaño de acabado que tendrá la cortina, la persiana o el visillo.

Se pueden sujetar cortineros en el marco de las ventanas, dentro o a los lados de éste, en la pared arriba del marco o en el techo.

Es necesario montar un bastidor para colgar persianas romanas y otras persianas con base en la misma construcción. Este bastidor de 2.5 × 5 cm (1" × 2") se corta a lo ancho de la persiana, se engrapa o se clava a la orilla superior de la misma, luego se coloca en la ventana. Una persiana de *montaje interior* se ajusta firmemente por dentro de la parte superior del marco de la ventana. Una persiana de *montaje exterior* se instala en la pared superior del marco. Una persiana con montaje *interior* y *exterior* es una combinación de ambas. El bastidor que se va a montar, se coloca dentro de la ventana, pero la persiana es el ancho del montaje exterior.

Las persianas arrollables se instalan dentro del marco de la ventana, o en la pared superior de éste.

Para una medición exacta, siga las siguientes indicaciones:

1) Utilice una regla plegable o un flexómetro; las cintas de tela pueden estirarse o aflojarse.

2) Mida y registre las medidas de las ventanas por separado aun cuando *parezca* que son del mismo tamaño. En la confección de accesorios para la ventana se deben tener en cuenta las diferencias en las medidas, aun cuando éstas sean ligeras.

3) Cuando tome las medidas para una persiana que ha de ajustarse dentro de la ventana, mida el ancho de la parte superior, del centro y de la parte inferior de la ventana, para asegurarse de que estén iguales.

4) Al tomar las medidas para una cortina que se va a colocar en una ventana sin guarnición, mida por lo menos 10 cm (4") debajo del antepecho.

Medición de la ventana para cortinas, persianas y colgaduras

Artículo	Largo de acabado	Ancho de acabado
Cortinas	Mida desde la parte superior del cortinero o de la galería hasta el largo deseado (antepecho, guarnición o piso)	Mida el cortinero de extremo a extremo incluyendo los costados (pequeñas salientes del cortinero que sobresalen en la pared).
Persianas arrollables	Mida desde la parte superior de la barra redonda hasta el antepecho.	Mida el largo de la barra.
Otras persianas	Mida desde la parte superior del bastidor hasta el antepecho o hasta el largo deseado.	Mida el bastidor de un extremo a otro.
Cortina para baño	Mida desde la parte inferior del cortinero hasta el largo deseado.	Mida el largo del cortinero.
Para calcular la cantidad de tela que se necesitará, use estas medidas en combinación con la tabla (pág. 27).		

Cálculo de medidas

Debido a que el ancho de las telas varía, no se puede calcular la cantidad total de tela que se va a necesitar hasta que ésta se haya seleccionado. Después de que se hayan tomado las medidas necesarias y determinado el tamaño de acabado de la cortina, persiana o visillo, debe agregarse al largo y al ancho la medida de costuras, dobladillos, galerías y plisados. Este es el *largo de corte*. Use el largo de corte para calcular la cantidad de tela que va a necesitar. Para cortinas y visillos, tome las medidas que se enlistan a continuación y anote la cantidad correcta en la tabla, (derecha). En el caso de medidas para persianas, consulte las instrucciones especiales para cada tipo de persiana.

Cálculo del largo

Agregue al largo de acabado, la cantidad necesaria para dobladillos inferiores, jaretas, galerías y tela para casar los dibujos.

Dobladillos inferiores. Para telas de peso medio, haga un dobladillo de 7.5 cm (3"); agregue 9 cm (3 1/2") al largo. Para telas delgadas y ligeras, haga un dobladillo de 5 a 7.5 cm (2" a 3"); agregue de 10 a 15 cm (4" a 6") al largo. También puede hacer un dobladillo más grande de 12.5 a 15 cm (5" a 6"); dejando el doble de este medida para el largo.

Jaretas y galerías. Para jaretas sencillas sin galería, sume una cantidad igual al ancho del cortinero más 1.3 cm (1/2") para darle la vuelta y 6 cm (1/4" a 1") para holgura. La medida para la holgura depende del tamaño del cortinero y del grosor de la tela. Las telas ligeras requieren de menos holgura, las jaretas para cortineros grandes la requieren mayor. En el caso de hechura de jareta con galería, siga las indicaciones para jaretas simples, agregando dos veces la medida del largo de la galería.

Motivos del estampado. En telas con dibujo (motivos decorativos) es necesario casar el dibujo a fin de disimular una añadidura. Mida la distancia entre los motivos y agregue la medida al largo de cada lienzo.

Cálculo del ancho

Agregue al *ancho de acabado*, la medida necesaria para dobladillos laterales, costuras y plisados.

Costuras. Para lienzos de diversas medidas, agregue 2.5 cm (1") por cada costura. Los lienzos que no son más anchos que la tela no necesitan medida adicional para las costuras.

Dobladillos laterales. Agregue 10 cm (4") por lienzo para hacer un dobladillo de 2.5 cm (1") a cada lado del lienzo.

Plisado. El peso de la tela determina el plisado. Para telas de peso medio y pesadas, agregue de dos a dos y media veces la medida del ancho de acabado de la cortina. En el caso de telas ligeras y de poco peso, agregue de dos y medio a tres veces el ancho de acabado. Haga una copia de esta tabla y complétela para que pueda calcular fácilmente la cantidad de tela que necesitará para la confección de cortinas, persianas o visillos.

Cálculo de medidas

Largo del corte.	cm (pulg)
Para telas que *no* necesitan casar el dibujo:	
1) Largo de acabado	
2) Dobladillo inferior (doble en la mayor parte de las telas)	+
3) Jareta, galería	+
4) Largo de corte para cada ancho o parte de éste	=
Para telas que requieren casar el dibujo:	
1) Largo de corte (se calcula como el anterior)	
2) Tamaño del motivo (distancia entre los dibujos)	÷
3) Número necesario de figuras para casar*	=
4) Largo de corte para cada ancho o parte de éste: multiplique la medida de la figura que se va a casar por el número de figuras necesario.	

* Redondee al número entero más próximo.

Ancho de corte	
1) Ancho de acabado	
2) Plisado (número de veces del ancho de acabado)	×
3) Ancho total	=
4) Dobladillos laterales	+
5) Ancho total necesario	=
6) Ancho de la tela	
7) Número de anchos de la tela: ancho total necesario dividido entre el ancho de la tela*	

* Redondee al número entero más próximo.

Total de tela necesario	
1) Largo de corte (como se calculó antes)	
2) Número de anchos de la tela (como se calculó antes)	×
3) Largo total de la tela	=
4) Número de metros (yardas) necesario: el largo total de la tela se divide entre 100 cm (36")	m, (yardas)

NOTA: Agregue tela para enderezar los extremos.

NOTA: Para cada lienzo de la cortina, se usará la mitad del ancho (determinado antes). En el caso de retazo de lienzos, ajuste las medidas incluyendo 2.5 cm (1") para cada costura.

Cómo cortar y casar el dibujo

Corte la tela al hilo longitudinal y transversal, para *escuadrar* las orillas. Al escuadrar asegúrese de que las cortinas colgarán siempre rectas. La mayoría de las telas debe ser escuadrada jalando un hilo a la ancho de la tela y cortando a lo largo de la huella del mismo.

Evite los dibujos que están claramente fuera de hilo. Si estas telas se cortan al hilo, el diseño quedará chueco y será imposible casarlo en las costuras y en las orillas. Muchos de los dibujos y diseños tejidos, están ligeramente fuera de hilo, sin embargo, su desigualdad puede ser más notoria una vez que las cortinas estén colgadas. Escuadrar los extremos de estas telas cortando sobre la línea del dibujo mejor que a lo ancho de la tela.

La mayor parte de las telas para decoración, tiene un acabado permanente que mantiene los hilos en su lugar. El calicó liso, el raso de algodón y otras telas con este tipo de acabado, se pueden escuadrar simplemente cortando recto a lo ancho de las orillas.

A fin de obtener el ancho de acabado deseado de la cortina, tal vez sea necesario coser varios anchos de tela juntos. Procure casar cuidadosamente el dibujo de la tela para que las costuras sean poco notables.

Tres maneras de enderezar los extremos transversales de la tela

Jale uno o dos hilos, a lo ancho de la tela, de una orilla a otra. Corte sobre la línea que aparece después de haber sacado el hilo.

Use una escuadra de carpintero para enderezar las telas con acabado permanente. Coloque uno de los lados de la escuadra paralelo al orillo. Marque a lo largo del otro lado de la escuadra y corte sobre la línea marcada. O bien, puede alinear al orillo con la esquina de la mesa, cortando por ese extremo.

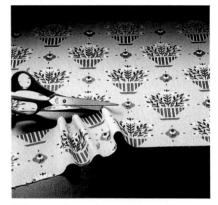

Ubique un diseño que vaya de un lado a otro en línea recta a lo ancho de la tela por el hilo de la misma. Corte a lo largo del diseño. Considere el ancho del dobladillo o galería cuando determine la colocación del diseño en la cortina terminada.

Consejos para casar los dibujos en las telas

Haga casar los dibujos en las ceja cuando use telas de decoración. (**a**) Los dibujos en estas telas están divididos de igual manera en la ceja, para facilitar la forma de casar los anchos de la tela. (**b**) Planche el revés de una ceja y póngala sobre la otra parte del dibujo que va a casar. Cósala o péguela con tela termoadherible.

Use tela termoadherible a fin de alinear los dibujos para coserlos. Planche por el revés de la costura. Coloque las tiras termoadheribles sobre la orilla de la costura opuesta. Para casar el dibujo por el lado derecho, planche ligeramente la tela en seco. Voltee la tela pegada por el revés y cósala.

Al casar los dibujos por el revés, señale con alfileres los detalles del dibujo. Prenda a cortos intervalos para evitar que se mueva la tela. Cosa con el prensatelas Even Feed^{MR} para mantener alineadas las costuras, quitando los alfileres conforme llegue a ellos.

Hechura de dobladillos

Si midió, calculó y cortó sus cortinas con exactitud, deben ajustar perfectamente en las ventanas una vez que les haya hecho el dobladillo. Para que los dobladillos queden mejor terminados y más fáciles de hacer, siga el procedimiento que se utiliza en los talleres profesionales: cosa primero los dobladillos inferiores, luego los laterales y por último las jaretas y las galerías.

Los dobladillos laterales e inferiores de las cortinas que no llevan forro, casi siempre son dobles para proporcionar resistencia, peso y estabilidad. La manera más fácil de hacer un dobladillo, es plancharlo sobre una tabla para planchar o una superficie de trabajo acolchada. Use una regla para costura para medir cada doblez. Prenda la tela a la superficie acolchada conforme haga el doblez; colocando los alfileres de manera que no interfieran con el planchado. Si las orillas laterales quedan en el orillo, córtelo o haga pequeños cortes a intervalos de 2.5 cm (1").

Las cortinas cuelgan mejor cuando en los dobladillos se colocan placas con peso o soportes. Cosa pequeñas placas con peso en las esquinas inferiores del dobladillo y en el fondo de las costuras para evitar que las cortinas se jalen o se arruguen. Para cortinas de largo completo, utilice placas más pesadas y placas más ligeras para cortinas de tela ligera y cortinas cortas.

Cómo coser un dobladillo doble

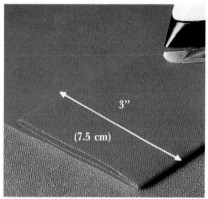

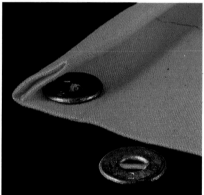

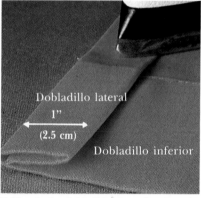

1) Haga un doblez menor de 7.5 cm (3") por el revés, sobre la orilla inferior de la cortina. Prenda a lo largo de la orilla cortada. Planche para marcar el doblez. Haga otro dobles de 7.5 cm (3"), prenda y planche en este lugar. Termine el dobladillo inferior utilizando uno de los métodos que se muestran a continuación.

2) Haga un doblez menor de 2.5 cm (1") por el revés para los dobladillos laterales. Préndalo y plánchelo. Haga otro doblez de 2.5 cm (1") préndalo y plánchelo. Si lo desea, cosa unas placas con peso dentro del segundo doblez, en las costuras y esquinas laterales.

3) Planche los dobladillos laterales. Cuando estén planchados, termínelos con costura recta, puntada invisible a máquina o con tiras termoadheribles.

Tres formas de terminar los dobladillos de cortinas

Puntada recta sobre la orilla del dobladillo, utilizando de 8 a 10 puntadas por cada 2.5 cm (1"). Cuando cosa tres capas de tela, disminuya un poco la presión y cosa despacio.

Puntada invisible a máquina, para que las puntadas queden casi invisibles en el lado derecho. Después de planchar, haga el dobladillo hacia atrás por el derecho, dejando un doblez de tela de 3 mm (1/8") a partir de la orilla del dobladillo. Ajuste la máquina para la puntada invisible. Ajuste la puntada de zigzag, para prender solamente un poquito de la cortina.

Pegue el dobladillo en su lugar. Introduzca una tira termoadherible entre el dobladillo planchado y la cortina. Siga las instrucciones del fabricante para el uso de esta tira, utilizando un trapo húmedo para obtener más vapor. La mayor parte de las tiras termoadheribles requieren 15 segundos para pegar en forma permanente.

Jaretas y galerías

Una jareta o *bolsillo para cortinero*, es el dobladillo de todo el ancho de la orilla superior de la cortina o de la cenefa, abierto en los extremos. El cortinero se introduce en la jareta, para que la amplitud de la cortina se convierta en suaves pliegues.

Antes de cortar, decida qué estilo de jareta va a hacer. La jareta simple hace que el cortinero quede en la parte más alta de la cortina.

Para jaretas simples, agregue al largo de corte una medida igual al ancho del cortinero más 1.3 cm (1/2") para darle la vuelta y de 6 mm a 2.5 cm (1/4" a 1") para holgura. La medida para la holgura depende del tamaño del cortinero y del grosor de la tela.

Una galería es la orilla recogida arriba de la jareta. Esto le da a la cortina un acabado más decorativo que una jareta simple. Las cortinas con galerías no necesitan cenefas.

En el caso de jaretas con galerías, siga las indicaciones para jaretas simples, agregando además dos veces el tamaño de la galería. Las galerías pueden medir de 2.5 a 12.5 cm (1" a 5"). La medida de la galería se debe determinar antes de cortar las cortinas. Esta medida debe ser adecuada al largo de las cortinas: por lo general, mientras más larga sea la cortina, mayor debe ser la galería.

Los cortineros de madera, de cobre o de plástico, se pueden cubrir con un *forro con frunces*. La parte del cortinero que queda expuesta, entre los lienzos de la cortina, se cubre con una jareta hecha de la misma tela en forma de tubo con frunces como se ve en la figura. La jareta puede ser simple, o tener una galería del mismo tamaño que la de la cortina. Las barras y las jaretas anchas resultan más decorativas. Con frecuencia se usan para tapar la parte superior de una persiana, la galería simple en cortinas con frunces, o los cortineros para cortinas delgadas o ligeras.

Las galerías anchas se usan en cortineros planos *Continental*^{MR} o *de galería*. Estos cortineros miden 11.5 cm (4 1/2") de ancho. Un cortinero de galería tiene realmente dos cortineros sujetos con un espaciador entre ellos.

Termine los dobladillos inferiores y laterales de la cortinas antes de coser las jaretas y las galerías.

Cómo coser una jareta sencilla

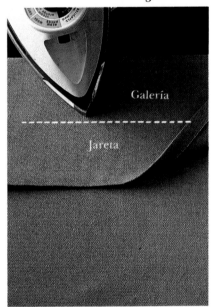

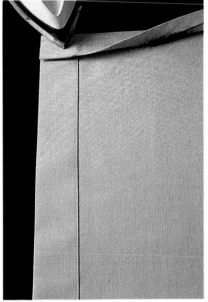

1) Determine el ancho de la jareta prendiendo sin apretar una tira de la tela de la cortina que cubra el cortinero. Quite el cortinero y mida la distancia desde la parte superior de la tira hasta el alfiler. Agregue 1.3 cm (1/2") para pestaña.

2) Planche doblando la tela 1.3 cm (1/2") a lo largo de la orilla superior cortada del lienzo de la cortina. Doble de nuevo la tela y plánchela para formar un dobladillo del mismo ancho que el del paso número 1.

3) Cosa cerca de la orilla volteada del dobladillo para formar el hueco para la jareta y haga una puntada de remate en ambos extremos. Si lo desea, haga una segunda costura cerca de la orilla superior, para crear un doblez marcado, apropiado para cortineros planos u ovalados.

Cómo coser una jareta con galería

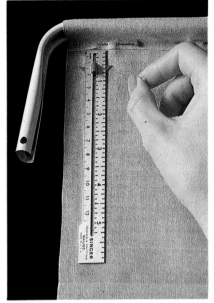

1) Determine el ancho de la jareta y de la galería como se indicó antes en el paso número 1. Doble hacia abajo y planche 1.3 cm (1/2") a lo largo de la orilla superior cortada del lienzo de la cortina. Doble y planche de nuevo para formar un dobladillo del mismo tamaño que la jareta, más el ancho de la galería.

2) Cosa cerca del doblez del dobladillo y haga una puntada de remate en ambos extremos. Marque el ancho de la galería con un alfiler en cada extremo del lienzo. Haga una segunda costura a la altura de la marca. Para que la costura quede derecha, marque el ancho de la galería con una tira de cinta adhesiva sobre la base de metal de la máquina de coser, o bien, use la guía para costuras.

3) Introduzca el cortinero a través de la jareta y plise la cortina con uniformidad. Ajuste la galería jalando la orilla doblada, de modo que la costura quede exactamente sobre la orilla inferior del cortinero. Para que una galería ancha tenga más cuerpo y luzca más redondeada, jale hacia afuera la tela en cada extremo.

Cómo coser un cortinero Continental^{MR} o uno de jareta con galería

1) Mida la ventana después de que haya instalado el cortinero, ya sea Continental o de galería, para determinar el largo total. Agregue 39.3 cm (15/12"); 14 cm (5 1/2") para la jareta y el dobladillo volteado, 20.5 cm (8") para el dobladillo doble y 5 cm (2") para la galería. Si desea hacer una galería más ancha, agregue dos veces el ancho de la galería.

2) Voltee hacia adentro 1.3 cm (1/2") en la orilla superior de la cortina y planche el doblez. Doble de nuevo para hacer un dobladillo de 15 cm (6"). Haga una costura a 2.5 cm (1") de la orilla superior doblada para formar el holán de la galería. Cosa cerca de la orilla del dobladillo para formar la jareta.

3) Introduzca el cortinero por la jareta y pliegue la cortina en todo el cortinero. Cuélguela en las ménsulas instaladas. Para obtener una galería mucho más ancha, en las cortinas de largo al piso, utilice dos cortineros, ya sean Continental o de galería, colocados uno encima del otro. Agregue 30.5 cm (12") para la segunda jareta.

Cómo hacer una cubierta con frunces para cortinero de barra

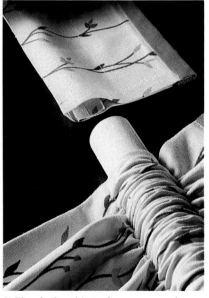

1) Corte la tela dos y media veces el largo del cortinero que se va a cubrir. Corte el ancho de la misma medida que la circunferencia del cortinero, más 3.8 cm (1 1/2"). Para cubrir el cortinero con galería, agregue dos veces el ancho de la galería.

2) Haga dobladillos de 1.3 cm (1/2") en los extremos cortos. Doble la tira por la mitad a lo largo de la tela, ponga juntos los lados derechos y prenda juntas también las orillas largas. Haga una costura de 1.3 cm (1/2") de ancho. Ábrala y plánchela. Voltee la cubierta al lado derecho.

3) Planche la cubierta de manera que la costura quede por detrás del cortinero. Para hacer la galería, cosa de nuevo a distancia apropiada de la orilla superior doblada. Introduzca el cortinero en la jareta para formar pliegues entre los dos lienzos de la cortina.

Confección de cortinas con jareta

Los ribetes, rebordes decorativos, listones o costados contrastantes dan a las jaretas individualidad y estilo. Estos toques decorativos se acostumbran en galerías y requieren poco tiempo de costura adicional.

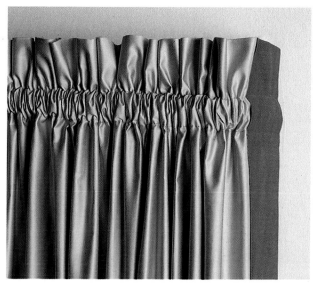

Costados contrastantes. Corte tiras de tela de color contrastante del ancho del retorno del cortinero, más 2.5 cm (1") para costuras. Planche hacia adentro 1.3 cm (1/2") a lo largo de un lado. Prenda la tira de tela, en el lado sin terminar de la cortina, uniendo revés con revés, y las orillas alineadas sin terminar. Haga una costura de 1.3 cm (1/2"). Voltee y planche la tira por el lado derecho; pegue o sobrepespuntee la tira por el lado derecho de la cortina.

Cenefa angosta. Corte tiras de 3.8 cm (1/2") de ancho de una tela que combine con la cortina. Planche hacia adentro 1.3 cm (1/2") a lo largo de un lado. Prenda la orilla de la tira sin planchar a la cortina con dobladillo, juntando los lados derechos. Haga una costura de 1.3 cm (1/2") de ancho. Planche la orilla doblada de la cenefa superior y sobre la orilla del dobladillo. Por el lado derecho, cosa sobre la costura (el punto de unión de la primera costura).

Bandas de listón pespunteadas. Corte tiras en forma geométrica, o cenefas de listón de una tela que combine bien, del ancho de la banda terminada más 2.5 cm (1"). Planche hacia adentro 1.3 cm (1/2") por ambos lados de las bandas; préndalas a una distancia de 2.5 a 5 cm (1" a 2") de la orilla del dobladillo. Haga un pespunte en la orilla en ambos lados de la banda en la misma dirección, cerca de cada orilla doblada. Use el prensatelas Even Feed^{MR} para obtener una costura uniforme.

Cenefas pegadas. Corte tiras o cenefas de estampados tipo papel tapiz a rayas que combinen, dejando 1.3 cm (1/2") en cada lado para acabado. Planche hacia adentro 1.3 cm (1/2") en ambos lados de la cenefa. Corte tiras termoadheribles un poco más angostas que las bandas de acabado. Introdúzcalas entre las cortinas con dobladillo y las cenefas. Péguelas siguiendo las instrucciones del fabricante.

Forros para cortinas

El forro da cuerpo y peso a las cortinas para que cuelguen mejor. Un forro también agrega opacidad, y evita que la tela de las cortinas se deteriore o se despinte con el sol, y le proporciona algún aislante. Las cortinas de colores o con dibujos deben forrarse, para dar a las ventanas, desde el exterior de la casa, una apariencia uniforme.

Seleccione los forros de acuerdo con el peso de la tela para cortina. El satén blanco o color hueso es la tela que se usa con más frecuencia para forro. También se utilizan forros tratados especialmente los cuales pueden resistir las manchas e impedir el paso de la luz.

Para hacer una cortina forrada y con jareta, corte la cortina como se indica en la página 27, incluyendo un dobladillo doble de 10 cm (4"). Corte el forro 15 cm (6") más angosto y 14 cm (5 1/2") más corto que el acabado de cortina. Cosa y planche las partes anchas alineando las costuras de la cortina con las del forro donde sea posible.

También pueden forrarse las cortinas hasta la orilla para darles un toque decorativo. Corte el forro del mismo largo y ancho que la cortina; use una tela que combine para contrastar a lo largo de la orilla de la cortina.

Cómo forrar cortinas

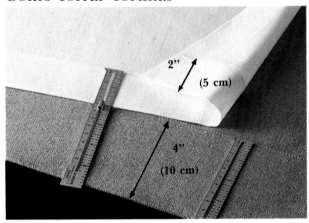

1) Voltee, planche y cosa un dobladillo doble de 5 cm (2") en el forro. Voltee, planche y cosa un dobladillo doble de 10 cm (4") en la cortina. Por el revés de la cortina, mida el largo de acabado desde el dobladillo hasta la orilla superior de la cortina; marque con una línea paralela a la orilla del corte. El forro terminará en esta marca.

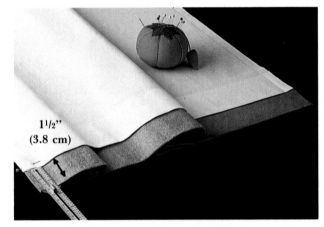

2) Coloque los lados derechos de la cortina y júntelos con el forro, de manera que el dobladillo de éste quede 3.8 cm (1 1/2") arriba del dobladillo de la cortina. Prenda y haga costuras de 1.3 cm (1/2") en los lados.

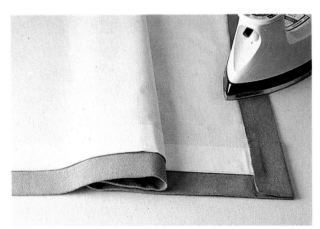

3) Coloque la cortina por el revés en una superficie plana. Centre el forro en la parte superior de la cortina, para que quede una cantidad igual de doblez en la cortina en cada lado del forro. Planche las costuras laterales hacia el forro.

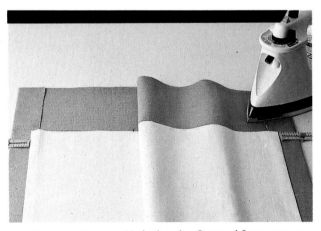

4) Voltee la cortina por el lado derecho. Centre el forro para que los dobladillos laterales sean del mismo ancho. Alinee la orilla superior del forro con el largo de acabado que se marca en la cortina. Con cuidado, planche los dobladillos laterales. En las orillas superiores sin terminar, planche hacia abajo una medida igual a los dobladillos laterales.

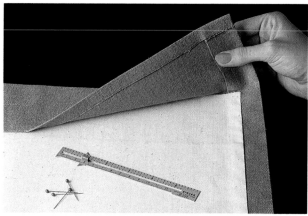

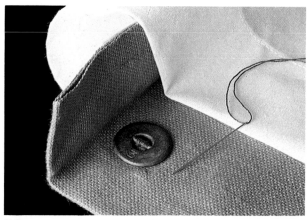

5) **Voltee** la orilla superior de la cortina a lo largo del forro para formar la jareta y la galería, si la tiene. Cosa la jareta.

6) **Pegue a mano** con unas puntadas unas placas con peso a lo largo de la orilla inferior de la cortina, dentro de los dobladillos y costuras laterales.

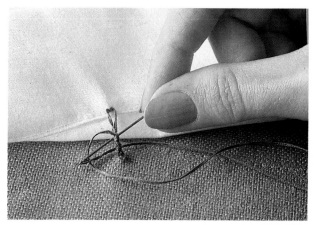

7) **Voltee** de nuevo los dobladillos laterales diagonalmente por debajo del forro para formar un inglete. Haga puntadas deslizadas en el inglete.

8) **Haga presillas** francesas aproximadamente a 30.5 cm (12") de distancia entre el dobladillo y el forro. Use hilo doble. Haga dos puntadas cerca de la parte superior del dobladillo que atraviesen directamente al forro dejando 2.5 cm (1") de hilo flojo. Cubra con puntadas sobre el hilo. Asegure con nudo en el forro.

Cómo forrar cortinas hasta la orilla

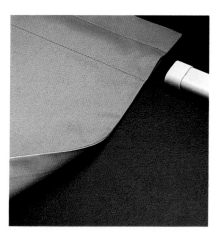

1) **Corte** la cortina y el forro del mismo tamaño. Voltee, planche y cosa dobladillos inferiores iguales de la cortina y del forro. Coloque los lados derechos de la cortina y del forro junto con los dobladillos inferiores iguales. Prenda los lados y la orilla superior.

2) **Marque** el ancho de la jareta y la galería en el forro. Una la cortina y el forro con una costura en los lados y en la orilla superior de 1.3 cm (1/2"), dejando abierta en ambos lados la jareta. Corte las esquinas superiores en forma diagonal. Abra la costura superior y plánchela.

3) **Voltee** la cortina por el derecho. Planche las costuras para aplanarlas. Cosa la jareta y la galería. Meta el cortinero en la jareta. Cuelgue la cortina y doble el forro hacia el lado derecho para formar una orilla de adorno.

Cortinas con trabillas

Las trabillas de tela son una alternativa con atractivo para jaretas convencionales o argollas para cortina. Las cortinas con trabillas crean un ambiente rústico tradicional, de moda contemporánea o informal estilo de cafetería. También son ideales para lienzos laterales fijos. Las trabillas proporcionan atractivo a la cortina, y pueden hacerse con tela que contraste, y listones o cintas decorativas.

Solamente se necesita de una y media a dos veces más el ancho de la tela para cortinas con trabillas. Al determinar el largo de acabado, la orilla superior de la cortina debe quedar de 3.8 a 5 cm (1 1/2" a 2") abajo del cortinero. Esto indica el largo de las trabillas. Decida el número de trabillas que necesitará, colocando una en cada extremo de la cortina y otra en el centro. Las trabillas deberán quedar espaciadas de 15 a 20.5 cm (6" a 8") entre cada una.

Deje 1.3 cm (1/2") en la orilla superior de la cortina, en lugar del tanto para jaretas comunes. Cosa los dobladillos laterales y el inferior (página 29), luego prosiga como se indica a continuación.

Cómo coser cortinas con trabillas

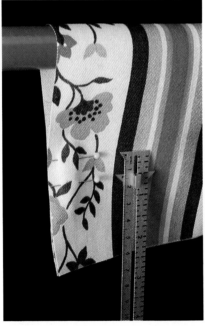

1) Corte para vista una tira de 7.5 cm (3") de ancho y largo igual al lienzo de la cortina. Planche por el revés doblando en la orilla 1.3 cm (1/2") de ancho a lo largo de uno de los lados y en cada uno de los extremos cortos.

2) Mida el largo de la trabilla, prenda una tira cubriendo el cortinero y marque la altura deseada con un alfiler. Agregue 1.3 cm (1/2") para costura. Corte las trabillas del largo deseado y dos veces el ancho más 2.5 cm (1").

3) Doble cada trabilla por la mitad, a lo largo, poniendo juntas las telas por el lado derecho. Haga una costura de 1.3 cm (1/2") de ancho, a lo largo de la orilla cortada, con una costura continua (ver la flecha) para coser una trabilla junto a otra. Voltee las trabillas por el derecho. Centre la costura en la parte de atrás de cada trabilla y plánchela.

Trabilla

Cubierta

4) Doble cada trabilla por la mitad, de manera que las orillas sin terminar queden alineadas. Prenda o hilvane las trabillas en su lugar por el lado derecho de la cortina, y alinee las orillas sin terminar de las trabillas con la orilla superior de la cortina. Las trabillas de los extremos, deben emparejar con las orillas terminadas de la cortina.

5) Prenda la tira para vista en la orilla superior de la cortina, juntando las telas por el lado derecho, de manera que las orillas sin terminar queden alineadas y se intercalen las trabillas entre la vista y la cortina. Haga una costura de 1.3 cm (1/2").

6) Planche la vista hacia el revés de la cortina, para que las trabillas se extiendan hacia arriba. Cosa con puntada deslizable o pegue las orillas laterales e inferiores de la vista en la cortina. Introduzca el cortinero por las trabillas.

Cortinas con holanes

Las cortinas con holanes agregan a cualquier habitación de la casa un toque cálido y encantador. Los holanes son funcionales y decorativos; su peso hace que las cortinas cuelguen mejor.

El plisado del holán depende del ancho y del peso de la tela. Para obtener buen plisado en telas delgadas, generalmente se necesita tres veces la medida de la tela, mientras que si se trata de telas con más cuerpo, sólo se necesitará de dos a dos y media veces la medida. Los holanes anchos deben ser más plisados que los angostos. Por lo general, necesitará comprar menos tela adicional si corta los holanes a lo ancho. Si los corta sobre el orillo, use éste en la costura. Haga el dobladillo del holán antes de los pliegues.

Los holanes sencillos están formados por una capa de tela con frunces y dobladillos en la orilla. Los holanes angostos deben tener un dobladillo no mayor de 6 mm (1/4") de ancho.

Los holanes dobles requieren de una tira del doble de ancho de la tela que se dobla a la mitad, poniendo revés contra revés. El extremo doblado elimina la necesidad de un dobladillo. Debido al volumen adicional originado por las dos capas, es mejor usar telas ligeras para holanes dobles.

Puede ser tardado hacer holanes de modo que ahorre tiempo y energía siempre que sea posible. La puntada de zigzag y los aditamentos para hacer holanes y dobladillos angostos pueden acelerar el trabajo. Comience cortando la tela del ancho apropiado tanto para un holán sencillo como para uno doble. Luego, cosa secciones juntas en los extemos cortos para hacer una sola tira, haciendo costuras sencillas para holanes dobles y costura francesa para holanes sencillos. Haga un dobladillo a lo largo de una de las orillas de los holanes sencillos, ya sea un dobladillo doble a máquina de 6 mm (1/4") o usando el aditamento para dobladillo angosto.

Dos maneras rápidas de hacer holanes

Haga puntada de zigzag sobre un cordón resistente y delgado, para que sea más fácil hacer holanes largos para ajustar en pliegues uniformes. Use hilo crochet o hilo dental; colóquelo a 1 cm (3/8") de la orilla sin terminar. Haga una puntada ancha de zigzag, de manera que no prenda el cordón con la costura.

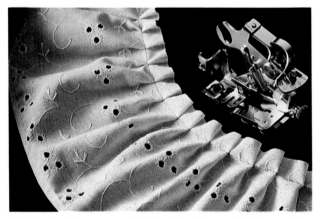

Utilice el aditamento para hechura de holanes a fin de que plise la tela mientras la cose. Haga una tira de prueba y ajuste el holán a la medida del plisado que desea. Mida la tira de prueba antes y después de coserla, para determinar el largo de la tela que necesita. Cuando use este aditamento, omita los pasos 1 a 3 (en cómo prender los holanes pág. 39).

Cómo prender los holanes

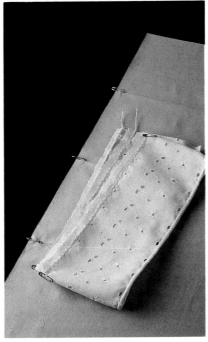

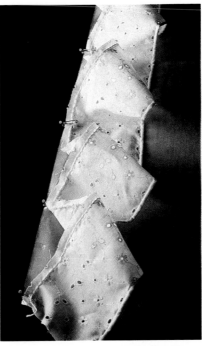

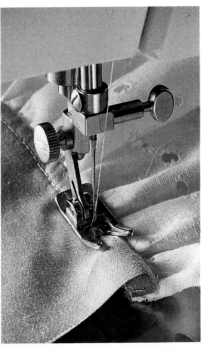

1) Divida la tira para el holán (antes de hacer los pliegues en cuatro y marque la línea de doblez con alfileres. Divida la orilla de la cortina también en cuatro y marque con alfileres. No haga dobladillo en la orilla de la cortina donde se coserá el holán.

2) Prenda el lado derecho de la tira del holán al lado derecho de la cortina, tratando de que coincidan las marcas de los alfileres de ambas telas.

3) Jale el cordón para hacer los pliegues hasta que el holán esté del mismo tamaño que la orilla de la cortina.

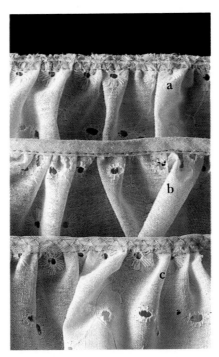

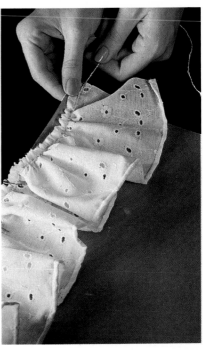

4) Prenda el holán donde sea necesario, para distribuir los pliegues uniformemente. Haga una costura de 1.3 cm (1/2"), dejando los pliegues hacia arriba y controlando éstos con los dedos a cada lado de la aguja.

5) Recorte para emparejar la orilla de la costura y **(a)** haga un sobrehilado con puntada de zigzag, o **(b)** cubra la costura con una cinta para bies, o bien, **(c)** con una tira de tul para bies.

6) Planche la costura hacia la cortina. Haga sobrepespunte en el lado de la cortina a 6 mm (1/4") de la costura. Esto ayuda a que los holanes queden suaves y uniformes.

Abrazaderas

Las abrazaderas son un recurso decorativo y práctico para mantener abiertas las cortinas. Hágalas rectas o con otra forma, con holanes o sencillas, en colores lisos que combinen o que contrasten, en telas de diseños que coordinen o en telas con cenefa. Ponga entretela en todas las abrazaderas para agregar estabilidad.

Para que las abrazaderas rectas queden del largo apropiado, termine y cuelgue las cortinas antes de coser las abrazaderas. Corte una tira de 5 a 10 cm (2" a 4") de ancho y pruebe prendiéndola alrededor de las cortinas para determinar el largo más apropiado. Deslice la tira hacia arriba y hacia abajo para encontrar la mejor posición y haga una marca en la pared para colocar las cornamusas en donde irán sostenidas las abrazaderas. Quite la tira y mídala para determinar la medida exacta.

✂ Instrucciones para cortar

Para las abrazaderas rectas, corte la tela al largo y ancho de acabado más 1.3 cm (1/2") en cada lado para costuras.

Para abrazaderas con forma, corte una tira de papel café para usarlo como patrón, de 10 a 15 cm (4" a 6") de ancho y un poco más largo que la abrazadera. Prenda el papel alrededor de la cortina y trace una curva cerca de la orilla del papel. Pruebe prendiendo y recortando el papel hasta obtener el efecto deseado. Agregue 1.3 cm (1/2") para las costuras cuando corte las abrazaderas con el patrón.

Corte tiras de entretela pesada del mismo tamaño que la abrazadera de acabado.

SE NECESITARÁ

Tela para decoración para abrazaderas.

Entretela pesada termoadherible.

Papel café para patrones.

Tiras termoadheribles que midan de largo de acabado, el ancho de la abrazadera.

Dos argollas de latón o de plástico, de 1.5 cm (5/8") para cada abrazadera.

Dos cornamusas.

Cómo coser abrazaderas rectas

1) Centre la cinta termoadherible sobre el revés de la abrazadera y péguela. Planche hacia abajo de los extremos 1.3 cm (1/2"). Doble la tira por la mitad a lo largo, poniendo juntos los lados derechos de las telas. Haga una costura de 1.3 cm (1/2") de ancho, dejando abiertos los extremos. Abra la costura y plánchela.

2) Voltee la abrazadera por el lado derecho. Centre la costura de la parte inferior por el revés y plánchela. Doble los extremos planchados hacia adentro. Introduzca la tela termoadherible en cada extremo y ciérrelo con plancha o con puntada deslizada.

3) Con puntada para fijar a mano o zigzag, **(a)** cosa una argolla sobre la línea de la costura de cada extremo de la abrazadera, a 6 mm (1/4") de la orilla, **(b)** o bien, doble las esquinas diagonalmente hacia dentro para formar un ángulo y cosa éstas con puntada deslizada o plánchelas.

Cómo coser abrazaderas con forma

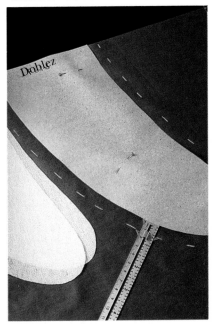

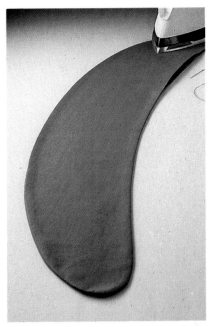

1) Corte dos piezas de entretela termoadherible para cada abrazadera de acuerdo con el patrón. Corte dos partes de tela para cada abrazadera y agregue 1.3 cm (1/2") en todos los lados para costura. Centre la entretela en el revés de cada parte de la abrazadera y péguela.

2) Prenda juntos los lados derechos de la abrazadera. Haga una costura de 1.3 cm (1/2") dejando una abertura de 10 cm (4") en uno de los lados, para voltearla. Rebaje las pestañas con tijeras y haga pequeños cortes a intervalos regulares alrededor de las curvas.

3) Voltee la abrazadera por el derecho y plánchela. Para cerrar la abertura, haga puntada deslizada o pegue con cinta termoadherible.

Abrazaderas con ribete

Los ribetes acentúan la línea graciosa de una abrazadera curvada y permiten combinar un color acentuado de la decoración de la habitación o de la tela de la cortina. Es más fácil hacer un ribete en las abrazaderas con forma que en las rectas, ya que el bies se amolda con facilidad a las curvas. Para la confección de abrazaderas rectas, recorte las esquinas siguiendo las indicaciones que se dan para los manteles individuales con bandas decorativas (página 106). También, pueden hacerse abrazaderas con acordonado siguiendo las indicaciones para almohadones con acordonado (páginas 74 y 75).

✂ Instrucciones para cortar

Siga las instrucciones de corte en el paso número 1 de las figuras al calce. Use bies comprado o haga el suyo. Corte la cinta un poco más larga que la medida alrededor de la abrazadera.

Cómo hacer abrazaderas con forma y con ribete

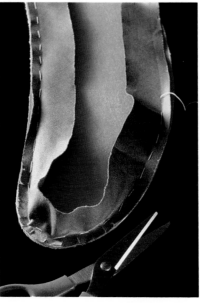

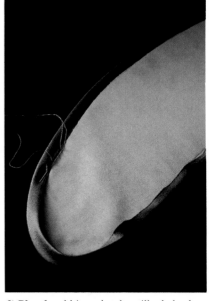

1) Corte dos piezas de tela y dos de entretela adherente de acuerdo con el patrón. No agregue 1.3 cm (1/2") de pestaña para costura de la abrazadera. Pegue la entretela por el revés de la misma.

2) Prenda juntos los lados revés de la abrazadera. Haga un hilván a 1 cm (3/8") de la orilla, alrededor de ésta. También con hilván cosa el lado derecho del bies, sobre el lado derecho de la abrazadera, haciendo pequeños cortes alrededor para voltear el bies con facilidad. Cosa el bies a la abrazadera a 1.3 cm (1/2") de la orilla.

3) Planche el bies sobre la orilla de la abrazadera. Voltee hacia abajo la orilla cortada de la tira hasta que quede sobre la línea del pespunte. Cosa el bies con punto deslizable sobre esa costura. Pegue a mano las argollas en los extremos de la abrazadera.

Abrazaderas con holanes

Agregar holanes a las abrazaderas es otra forma sencilla de cambiar la apariencia de las cortinas y el aspecto de la ventana. Haga los holanes de una tela que combine o que coordine, y del ancho que vaya de acuerdo con el largo de la cortina. Compre holanes de encaje o tira bordada ya hechos, para ahorrar tiempo de costura.

✂ Instrucciones para cortar

Corte los holanes del ancho deseado, más 2.5 cm (1") para costuras, y de dos a dos veces y media más de largo de acabado. Corte una abrazadera recta (página 41) en proporción al ancho del holán, por lo general, menos de la mitad.

Corte tiras de entretela pesada de la misma medida que la abrazadera de acabado.

Cómo hacer abrazaderas con holán

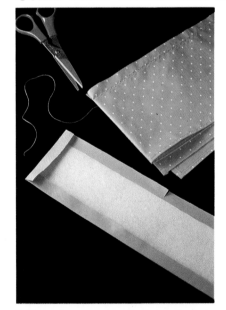

1) Pegue las entretelas sobre el revés de la abrazadera. Planche hacia abajo 1.3 cm (1/2") en uno de los lados y en ambos extremos. Haga un dobladillo de 6 mm (1/4") en uno de los lados y en ambos extremos del holán. Doble el holán y la abrazadera en cuatro partes, marque los dobleces con pequeños cortes.

2) Prepare el holán para hacer los frunces (pág. 38). Prenda el revés del holán sobre el derecho de la abrazadera que se marcó con cortes. Jale el hilo para plegar hasta que el holán se ajuste a la abrazadera. Distribuya los frunces uniformemente y prenda. Cosa el holán a 1.3 cm (1/2") de la orilla.

3) Doble la abrazadera por la mitad a lo largo, de manera que queden juntos los lados de revés. Prenda la orilla doblada sobre la costura del holán por el lado derecho de la abrazadera. Haga un pespunte de un extremo a otro y a lo largo de la costura con pliegues. Cosa a mano las argollas a los extremos de la abrazadera.

Cortina para baño

La cortina para baño, es una de las cortinas más fáciles de hacer. En las cortinas comunes para baño, se pueden usar cenefas, galerías con frunces y abrazaderas. Debido a su tamaño, las cortinas para baño están en un buen lugar para usar colores y dibujos llamativos. Las instrucciones para coser una cortina para baño, también se pueden usar para la confección de cortinas estilo cafetería o rectas que se cuelguen con ganchos o argollas en barras decorativas. (Se omiten los ojillos metálicos, los ojales y el forro de plástico de la cortina de baño).

✂ Instrucciones para cortar

Mida la distancia desde la parte inferior del cortinero hasta el largo deseado. Agregue 25.5 cm (10") para los dobladillos superior e inferior. Mida el ancho del área que se va a cubrir con la cortina y agregue 10 cm (4") para los dobladillos laterales. Los forros comunes para las cortinas de baño son de 183 × 183 cm (72" × 72"); por lo tanto, si usa este tipo de forros, la cortina se debe cortar de 193 cm (76") de ancho. Una la tela según sea necesario, con costura francesa.

SE NECESITARÁ

Tela estampada para cortina de baño.

Forro de plástico para cortina de baño.

Remaches u **ujillos metálicos** (no son necesarios si se hacen ojales) de acuerdo con el número de ojales que tenga el forro de plástico.

Ganchos para la cortina de baño, de acuerdo al número de ojillos o de ojales.

La tela de la cortina y el forro de plástico pueden colgar juntos de los mismos ganchos, o por separado en un cortinero para baño o una barra a presión. Cuando cuelguen juntos, ambos deben ser del mismo ancho.

Cómo coser una cortina para baño

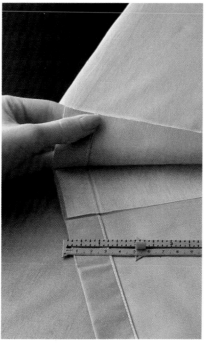

1) Voltee sobre el revés y cosa un dobladillo doble de 7.5 cm (3") en la orilla inferior de la cortina. Voltee en igual forma y haga un dobladillo doble de 2.5 cm (1") en cada lado de la cortina.

2) Planche un dobladillo con dos dobleces de 5 cm (2") en la parte superior de la cortina. Pegue una tira de entretela termoadherible de 5 cm (2") en el segundo doblez, a 5 cm (2") de la orilla sin terminar. La entretela agrega estabilidad y cuerpo a la cortina terminada.

3) Haga un pespunte en la orilla o pegue el dobladillo de la parte superior. La entretela agrega estabilidad a la orilla superior de la cortina. Siga las instrucciones del fabricante cuando use entretela termoadherible.

4) Marque la posición de los ojillos metálicos, los anillos protectores o los ojales a lo largo del dobladillo superior, utilizando el forro de plástico como guía para los espacios de los orificios. Coloque el forro 6 mm (1/4") abajo de la orilla superior de la cortina.

5) Fije los ojillos metálicos asegurándolos con un dispositivo para fijar ojillos o con un montador de éstos y un martillo. Si usa el montador, trabaje sobre un trozo de madera o una superficie dura que no se maltratará al golpear los ojillos.

6) Haga ojales verticales de 6 mm a 1.3 cm (1/4" a 1/2") de largo. Córtelos y meta los ganchos. Para que los ojales no se deshilachen, aplique líquido para evitar el deshilachado en las orillas del ojal.

Persianas

Las persianas controlan la luz y proporcionan privacidad, ya sea que se usen solas o con cortinas. Como quedan ajustadas cerca de las ventanas, las persianas también ayudan a ahorrar la energía eléctrica.

La persiana romana es el modelo base para persianas plegadizas; con trabas, abullonadas, aglobadas y aislantes. Estas persianas se levantan y se sueltan por medio de un sistema de cordones y argollas, que originan pliegues en dobleces suaves cuando se levantan.

La persiana plegadiza tiene pequeñas alforzas con sobrepespunte a lo largo de los dobleces de la persiana. Estas hileras de alforzas, se alternan entre el frente y la parte posterior de la persiana, haciendo que los pliegues tengan apariencia ondulada.

La persiana con trabas tiene el doble de largo que una persiana romana lisa. La tela excedente, se recoge en suaves dobleces permanentes entre cada hilera de argollas, dando a la persiana un aspecto ondulado cuando baja.

La persiana abullonada se corta de dos a tres veces más ancha que la ventana, luego se frunce la parte superior para originar una galería suave. La parte inferior de la persiana cae como un ligero velo.

La persiana aglobada también se corta dos veces más ancha que la ventana, pero la tela se dobla en pliegues invertidos de mayor tamaño en la galería y la orilla inferior. Esta persiana también tiene ondulados permanentes en la parte de abajo.

Una persiana aislante es una persiana romana hecha con un forro aislante de 4 capas y sellado magnético de orilla. Esta persiana obstruye el frío o el calor, y ayuda a regular las temperaturas extremas.

La persiana arrollable aparenta un trabajo profesional si se hace con telas que coordinen con los colores de la habitación. Esta persiana se endurece con tela termoadherible en la parte posterior, es fácil de hacer porque requiere muy poca costura.

Dos maneras de montar persianas

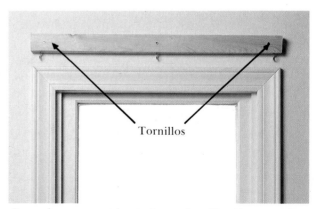

Esquinas de hierro

Tornillos

La persiana con montaje interior está completamente dentro de la abertura de la ventana. Es importante que tanto la confección como el montaje sean exactos. Ajuste la persiana en un bastidor de 2.5 × 5 cm (1" × 2"), luego sujete éste en la parte superior del marco de la ventana con escuadras de hierro o tornillos. El largo y el ancho de acabado de la persiana son iguales al largo y al ancho de la abertura de la ventana.

La persiana con montaje exterior se sujeta al bastidor que está asegurado con tornillos o escuadras de hierro arriba de la ventana. La persiana terminada tiene el mismo ancho que el bastidor, por lo que cubre el marco cuando está abajo. El largo de acabado de la persiana tiene igual distancia desde la parte superior del bastidor, hasta el antepecho. Use este método para ventanas de diferentes tamaños o que están fuera de escuadra.

Persiana romana

Las persianas romanas tienen un estilo sobrio que complementa muchos estilos de decoración. Uselas solas o agregando galerías, cortinas o visillos.

Al igual que las persianas arrollables, las persianas romanas son lisas y suaves cuando bajan. Cuando suben, abarcan más espacio en la parte superior porque forman pliegues ondulados en lugar de enrollarse. Si se desea que al subir la persiana descubra completamente la ventana, móntela en el límite de ésta lo cual agregará altura aparente a la ventana. Un sistema de cordones y de argollas colocadas a espacios regulares en la parte posterior de la persiana, es lo que hace que ésta se pliegue cuando se levanta. Una barra con peso colocada cerca de la parte inferior de la persiana agrega estabilidad y ayuda a que se deslice suavemente.

La elección de la tela determina la apariencia de la persiana terminada. Las telas firmes y fuertes son las más adecuadas para los pliegues de estas persianas. También se pueden usar telas ligeras y más suaves, pero las persianas no tendrán aspecto rígido. Por lo general las persianas romanas van forradas. Esto les agrega cuerpo, evita que la tela se decolore y le da a la casa una apariencia exterior uniforme.

Puede ser necesario añadir la tela o el forro para tener el ancho suficiente para las persianas. Asegúrese de tener en cuenta estas costuras cuando calcule las medidas. Quizá sea necesaria tela adicional si tiene que casar un dibujo en tela a cuadros o en cualquier otra figura.

Para hacer la medición y confección más fácil y exacta, use sobre la superficie de trabajo, una tabla de cartón para cortar, que pueda doblarse.

✂ Instrucciones para cortar

Determine el largo y el ancho que tendrá la persiana terminada. Corte la tela 7.5 cm (3") más larga que el acabado de persiana.

Corte el forro de ancho igual al de acabado de persiana, y largo igual al largo de acabado más 7.5 cm (3").

Corte una tira de tela de forro para vista de 12.5 cm (5") de ancho y largo igual al ancho de acabado de la persiana, más 5 cm (2").

SE NECESITARÁ

Tela para decoración para persianas.
Telas para forro, para el forro y tira para vista.
Un bastidor de 2.5 × 5 cm (1" × 2"), suficientemente largo para los montajes exterior o interior (pág. 47).
Argollas de plástico de 1.3 cm (1/2") o de 1.5 cm (5/8"), igual al número de hileras verticales multiplicado por el número de hileras horizontales. O bien, utilice cinta de argollas con espacios de 15 cm (6").
Armellas roscadas o poleas, suficientemente grandes, para acomodar todos los cordones con los que se va a jalar la persiana. El número de armellas debe ser igual al número de hileras verticales.

Cordón de nylon para cada hilera vertical de argollas. Cada cordón debe ser suficientemente largo para que suba por un lado de la persiana, atraviese la parte superior y baje un poco por el otro lado, de donde se jalará.
Una barra con peso de latón de 1 cm (3/8"), o una barra plana inoxidable de 1.3 cm (1/2") que sea 1.3 cm (1/2") más corta que el ancho de acabado de la persiana.
Pegamento blanco, o líquido para evitar el deshilachado.
Cornamusa.
Una engrapadora o tachuelas.
Una jaladera (opcional).

Cómo hacer una persiana romana

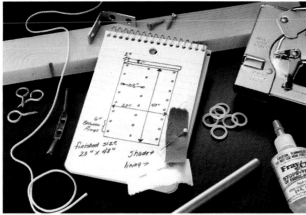

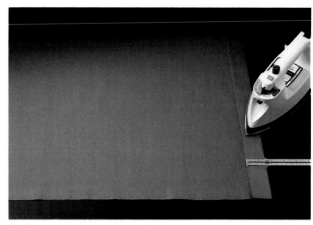

1) Trace un dibujo de la persiana que le sirva como guía. Indique la posición de los dobladillos y de las argollas. Corte la persiana y si es necesario haga una costura para unir el ancho. Si la tela se deshilacha, termine las orillas laterales con zigzag o aplique líquido para evitar el deshilachado.

2) Coloque la tela para la persiana por el revés, sobre la superficie de trabajo. Marque la medida del ancho de acabado. Voltee los dobladillos laterales a la misma medida, aproximadamente 3.8 cm (1 1/2") y plánchelos.

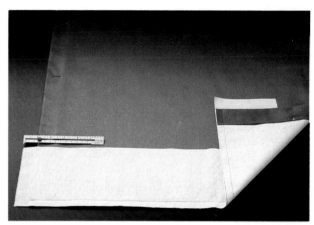

3) Coloque el forro sobre la tela para la persiana, poniendo juntos los lados del revés. Marque y corte la persiana a la medida necesaria, para obtener el largo sin acabado y el ancho acabado. Deslice el forro debajo de los dobladillos laterales. Alise y planche el forro. Prenda con alfileres al hacer esto.

4) Centre y prenda la tira para la cubierta en el lado derecho de la persiana, empareéjela con la orilla inferior, con 2.5 cm (1") salientes de cada lado. Cosa 1.3 cm (1/2") de la orilla inferior. Plánchela hacia el revés de la persiana.

5) Doble y planche las salientes de la vista a la parte posterior de la persiana, de manera que no se vean por el derecho. Péguelas en su lugar, clávelas con tachuelas o cósalas con puntada oculta.

6) Voltee hacia el revés la orilla de la vista 3.8 cm (1 1/2"). Vuelva a voltear para hacer un dobladillo de 7.5 cm (3"). Cosa a lo largo de la orilla doblada. Haga una segunda costura a 2.5 cm (1") de la primera para formar la jareta donde irá la barra de metal de la parte inferior.

(Continúa en la siguiente página)

Cómo hacer una persiana romana (continuación)

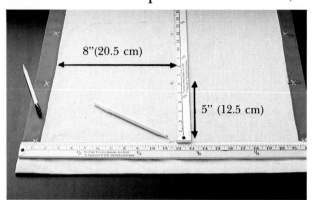

7) Marque la posición de las argollas con X en hileras verticales y horizontales. En primer lugar, marque las hileras verticales en el exterior cada 2.5 cm (1") desde las orillas de la persiana de modo que las argollas sostengan en su lugar los dobladillos laterales. Separe las hileras verticales de 20.5 a 30.5 cm (8" a 12") a lo largo de la persiana. Luego coloque la hilera de la parte inferior justamente encima de la jareta para la barra de metal. El espacio entre las hileras horizontales es de 12.5 a 20.5 cm (5" a 8").

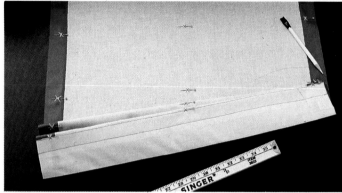

8) Prenda juntas las dos telas en el centro de las marcas para las argollas, con alfileres paralelos a la parte inferior de la persiana. Doble la persiana en forma de acordeón con pliegues en las partes prendidas para sostener la persiana, cosa a mano o a máquina las argollas. Si usa cinta con argollas, omita los pasos 9 y 10.

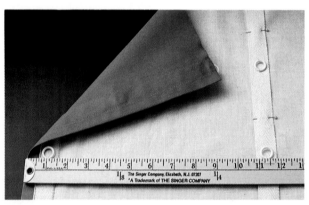

11) La cinta con argollas se puede utilizar en lugar de las argollas. Lávela primero para que encoja. Prenda la cinta a la persiana en las hileras verticales, asegúrese de que las argollas queden alineadas horizontalmente. Cosa a lo largo de ambas orillas y en la parte inferior de la cinta con el prensatelas para cierre de cremallera, cosiendo todas las cintas en la misma dirección.

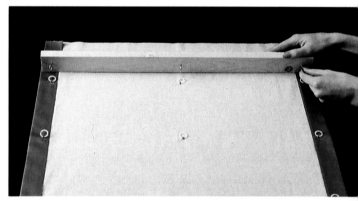

12) Atornille las armellas de rosca en el bastidor, para que correspondan con las hileras verticales. Coloque una armella arriba de cada hilera de argollas. En persianas muy pesadas o muy anchas, use poleas pequeñas en vez de armellas.

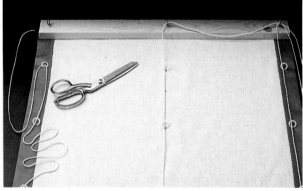

15) Corte largos de cordón, uno por cada hilera de argollas. Cada cordón será de diferente largo; los cordones suben por la persiana, atraviesan la parte superior y bajan una parte por el otro lado. Ensarte el cordón a través de las argollas y por las armellas de rosca dejando una parte del mismo, en uno de los lados para jalar la persiana.

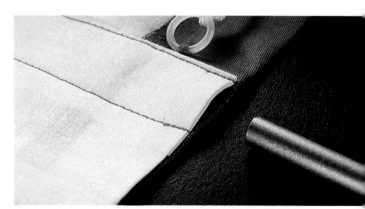

16) Introduzca la barra de metal en el dobladillo de la parte inferior y cosa o pegue los extremos para cerrarlos. Lime los extremos de la barra o cúbralos con cinta adhesiva antes de introducirla. Puede usarse una barra de hierro galvanizado pintada para evitar que se oxide, en lugar de una de cobre.

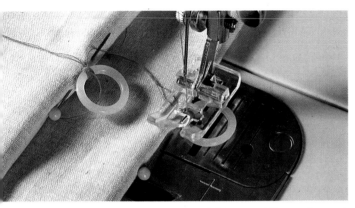

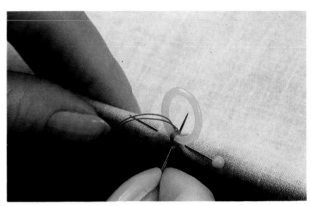

9) Sujete las argollas colocando el doblez (con alfiler en el centro) debajo del prensatelas, con la argolla cerca del mismo. Ajuste a 0 el largo de la puntada y cosa con el zigzag más ancho. Asegure las argollas con 8 ó 10 puntadas, prendiendo pequeñas partes del doblez en cada puntada. Cierre las puntadas ajustando la aguja para que penetre la tela en un solo lugar (ajuste el ancho a 0) por 2 ó 3 puntadas.

10) Con punto de fijación cosa las argollas si no puede hacerlo con zigzag. Use hilo doble. Asegúrelas cosiendo ambas telas con 4 ó 5 puntadas en el mismo lugar. Refuerce las argollas de la parte inferior con puntadas adicionales, ya que éstas sostienen el peso de la tela.

13) Ponga grapas o tachuelas para sujetar la persiana a la parte superior del bastidor. Si ésta se monta en el exterior del marco de la ventana, pinte o forre el bastidor con tela para forro antes de sujetar la persiana. Esto da a la persiana un acabado profesional.

14) Haga un nudo resistente en la argolla de la parte inferior antes de pasar el cordón a través de la hilera vertical de argollas. Agregue pegamento frotando suavemente en el nudo y en las puntas para evitar que se deshaga.

17) Montaje de la persiana. Ajuste los cordones cuando la persiana esté abajo, de modo que la tensión sea igual en cada cordón. Enlace los cordones con un nudo, justamente debajo de la armella de rosca. Trence los cordones y asegúrelos en la parte inferior con un nudo o con un accesorio para jalar persianas.

18) Centre la cornamusa en la orilla del marco de la ventana o en la pared. Enrolle la trenza alrededor de la cornamusa para asegurar la posición de la persiana cuando esté arriba.

Persiana abullonada

La persiana abullonada es otra variación fácil de hacer de la persiana romana con galería de frunces suaves. Como esta persiana tiene un aspecto ligero y fresco, por lo general no necesita forro. Para la confección de persianas abullonadas, se recomiendan telas ligeras, suaves o delgadas.

Generalmente las persianas abullonadas van montadas en la parte interior de la ventana, y pueden usarse solas o con cortinas. Las cenefas o galerías no son necesarias, ya que las galerías con frunces en la persiana dan apariencia de acabado. También se puede usar una persiana abullonada corta, como cenefa sobre otras cortinas.

Las persianas abullonadas confeccionadas con telas ligeras pueden hacerse con frunces sobre una barra de madera o un cortinero; descartando la necesidad de un montaje. En este caso, termine la orilla superior de la persiana con una jareta sencilla (pág. 31).

Las indicaciones para la confección de una persiana abullonada se dan en las págs. 56 y 57. Antes de comenzar a hacer esta persiana consulte las págs. 48 a 51, donde se explica la forma de hacer una persiana romana.

✂ Instrucciones para cortar

Corte la tela para decorar y añádala si es necesario, para que el ancho de la persiana sea de dos a dos y media veces el ancho de la ventana y aproximadamente 30.5 cm (12") más larga que ésta. Corte también la tira para el montaje de 10 cm (4") de ancho; el largo debe ser igual al ancho de la persiana terminada.

SE NECESITARÁ

Tela para decoración para la persiana y una tira para el montaje.

Cinta para frunces de cuatro cordones que de largo mida lo mismo que el ancho de la persiana.

Aditamentos: un bastidor, argollas de plástico, armellas roscadas o poleas, cordón de nylon, una barra con peso para la parte inferior de la persiana, pegamento blanco, cornamusa y engrapadora como en el caso de la persiana romana.

Persiana aglobada

La persiana aglobada es otra variación de la persiana romana. Una serie de pliegues colocados uniformemente en esta persiana crean un efecto de mayor amplitud y suavidad que el de la perciana romana de acabado más profesional.

Las persianas aglobadas, hechas con telas delgadas, suaves o sin forro, cuelgan formando suaves ondulaciones. Si se confeccionan con telas más fuertes, permanece la suavidad de la persiana, pero quizás sea necesario alisar la tela con la mano para emparejar los pliegues de la persiana.

El forro es opcional. Siga las instrucciones para la confección de una persiana romana con forro (pág. 49), en caso de que se requiera opacidad o cuerpo adicional en la tela.

Las indicaciones para la confección de una persiana aglobada se dan en las págs. 56 y 57. Antes de comenzar a realizar esta persiana, consulte las págs. 48 a 51, donde se explica la elaboración de las persianas romanas.

✂ Instrucciones para cortar

Corte la tela para decorar y añádala si es necesario, para que el ancho de la persiana sea de dos a dos veces y media el ancho de la ventana y aproximadamente 30.5 cm (12") más larga. Corte también una tira para vista de 2.5 cm (1") más larga que el ancho de acabado de la persiana, y de 7.5 cm (3") de ancho.

Haga un patrón de papel que le sirva de guía para acomodar los pliegues correctamente. Para hacer el patrón, corte una tira angosta de papel, del mismo largo que el ancho sin terminar de la persiana. (El papel para sumadora sirve para esto).

SE NECESITARÁ

Tela para decoración para la persiana y la tira para vista.

Tela para forro (opcional).

Aditamentos: un bastidor, argollas de plástico, argollas roscadas o poleas, cordón de nylon, una barra con peso para la parte inferior de la persiana, pegamento blanco, cornamusa y engrapadora igual que para la persiana romana.

Cómo hacer una persiana abullonada

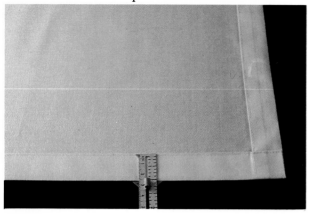

1) Añada, la tela si es necesario para el ancho, haciendo costura francesa. Para los dobladillos laterales, haga un doblez de 1.3 cm (1/2") y planche, luego, otro de 2.5 cm (1"). Para el dobladillo inferior, voltee y planche 1.3 cm (1/2") luego voltee de nuevo y planche 2.5 cm (1"). Cosa los dobladillos con puntada recta o invisible.

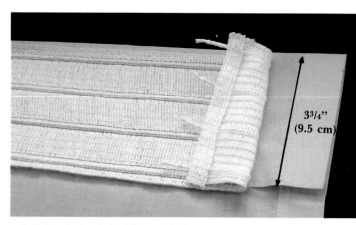

2) Voltee hacia abajo 9.5 cm (3 3/4") en la orilla superior de la persiana. Prenda la cinta de cuatro cordones para frunces a 6 mm (1/4") de la orilla doblada. Jale 1.3 cm (1/2") de cordón en cada extremo; voltee la cinta hacia abajo en los extremos terminados. Utilizando el prensatelas para cierres de cremallera, cosa a través de la persiana por encima y por debajo de cada cordón.

5) Jale las otras puntas de los cordones para que los pliegues de la persiana queden del ancho del bastidor. Anude, pegue y recorte los extremos de los cordones que jaló, como en el paso 4.

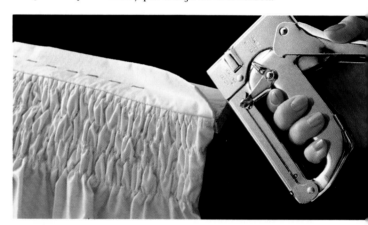

6) Doble por la mitad la tira para el montaje a lo largo de la tela. Prenda las orillas de la misma por el derecho de la persiana en la parte superior de la cinta para frunces, y cósala a 1.3 cm (1/2") de la orilla. Engrape la orilla doblada de la tira, en la parte superior del bastidor.

Cómo hacer una persiana aglobada

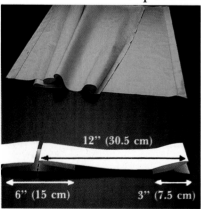

1) Prepare la tela como arriba, pero no haga dobladillos en la orilla inferior. Doble los pliegues en el patrón con 23 a 30.5 cm (9" a 12") de separación y aproximadamente 15 cm (6") de ancho. Use igual número de pliegues con un medio pliegue en cada extremo.

2) Coloque el patrón sobre la persiana en la orilla inferior. Alinee las costuras en los dobleces traseros de los pliegues. Marque las líneas del doblez del pliegue con cortes de 6 mm (1/4"). Repita esto en la orilla superior de la persiana.

3) Doble, prenda y planche los dobleces a todo lo largo de la persiana. Cosa a lo ancho de la misma a 1.3 cm (1/2") de las orillas superior e inferior, para asegurar los pliegues. Haga una segunda costura de 7.5 cm (3") desde la orilla superior para el montaje.

56

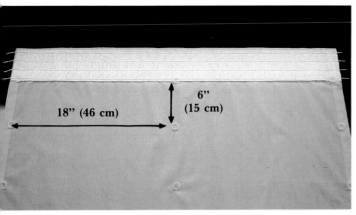

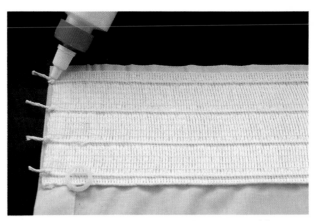

3) Marque las posiciones para las argollas. Deje un espacio de 15 a 25.5 cm (6" a 10") entre las hileras horizontales. Separe las hileras verticales de 46 a 91.5 cm (18" a 38"), este espacio equivaldrá a la mitad de la distancia de separación cuando se pliegue la cinta para frunces. Cosa o prenda las argollas, en el lugar señalado.

4) Anude los extremos de los cordones de la cinta para frunces a lo largo de una de las orillas de la persiana, para evitar que se salgan. Ponga un poco de pegamento blanco en los nudos, para fijarlos. Corte las puntas.

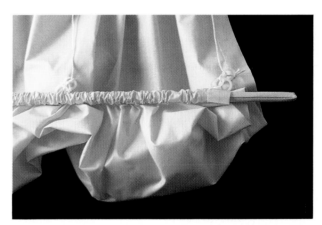

7) Amarre tres argollas juntas en la parte inferior de cada hilera vertical. Esto origina un abullonado permanente en la persiana, aun cuando esté totalmente abajo. Ensarte y monte las argollas como en la persiana romana, págs. 50 y 51, pasos 15, 17 y 18.

8) Cubra los extremos de la barra de metal para ocultar las orillas ásperas. Introduzca la barra en el dobladillo de la parte inferior Pliegue uniformemente la tela de manera que corresponda con los pliegues de la parte superior. Cuando use telas delgadas, cubra la barra con una tela que combine. Para cerrar el dobladillo, cosa con puntada oculta o pegue los extremos de éste.

4) Planche hacia abajo 1.3 cm (1/2") en los extremos cortos de la tira para vista del dobladillo. Planche la tira por la mitad a lo largo poniendo juntos los lados por el revés. Prenda la tira a la orilla inferior de la persiana por el lado derecho. Cosa a 1.3 cm (1/2") de la orilla.

5) Planche la tira por el revés para formar la jareta y el dobladillo del cortinero. Coloque las argollas en el centro de los pliegues con las argollas de la parte inferior sobre el dobles de la vista. Las hileras horizontales de argollas deben tener una separación de 15 a 25.5 cm (6" a 10") entre una y otra.

6) Engrape la parte superior de la persiana al bastidor. Para el acabado, siga los pasos 7 y 8 para la persiana abullonada.

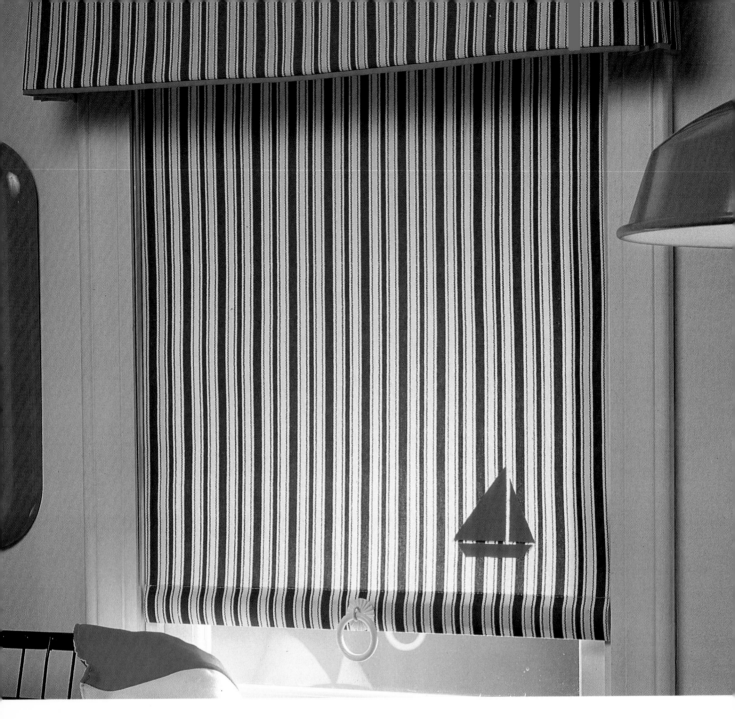

Persiana arrollable

Las persianas arrollables son accesorios muy versátiles y atractivos para la ventana. Monte la persiana en la parte interior de la abertura de la ventana, dejando un espacio de 6 mm (1/4") alrededor de las orillas, para aumentar la capacidad que tiene la ventana de conservar el ambiente interior. Las persianas arrollables también pueden colgarse en soportes sobre el marco de la ventana o en la pared por fuera de la ventana. Cuando tome una medida, para mayor exactitud use una regla de madera o de acero. Para el montaje interior, mida desde la parte interior de la saliente de uno de los soportes, hasta la parte exterior de la otra saliente. Si no desea que se vea el rodillo, invierta los soportes o use soportes invertidos, y corte el rodillo al tamaño.

✂ Instrucciones para cortar

Corte la tela para decorar de 2.5 a 5 cm (1" a 2") más ancha que la medida entre las trabas o soportes y 30.5 cm (12") más larga que el área que se va a cubrir de arriba a abajo. Corte el refuerzo termoadherible de la misma medida.

SE NECESITARÁ

Tela para decoración y refuerzo termoadherible para persianas.

Una tablilla 6 mm (1/4") más corta que el ancho de acabado de la persiana.

Rodillo que se ajuste al ancho de la ventana.

Una engrapadora con grapas de 6 mm (1/4"), masking tape u otra cinta resistente y pegamento blanco.

Una jaladera de persiana (opcional).

Cómo hacer una persiana arrollable

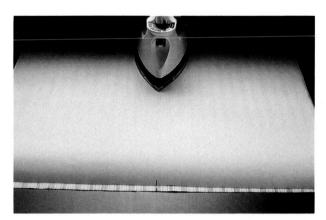

1) Marque el centro de la orilla superior e inferior de la tela para decoración y del refuerzo termoadherible. Coloque el revés de la tela sobre el lado adherible del refuerzo, haciendo coincidir las marcas del centro y de las orillas.

2) Fusione el refuerzo de acuerdo con las instrucciones del fabricante, respetando el tiempo y temperatura señalados, planche del centro hacia afuera y de arriba a abajo. Deje enfriar la persiana de manera que el refuerzo se adhiera en forma permanente.

3) Use una regla de madera para marcar las líneas de corte en los lados de la persiana: la distancia entre dichas líneas debe ser igual al ancho acabado de la persiana. Utilice una escuadra de carpintero o una tabla para cortar a fin de obtener ángulos rectos.

4) Corte cuidadosamente a lo largo de las líneas con cortes suaves y uniformes. Para evitar que las orillas se deshilachen, póngase un poco de pegamento blanco en el dedo y extiéndalo a lo largo de cada orilla. Déjelo secar completamente.

5) Doble hacia abajo 3.8 cm (1 1/2") a lo largo de la orilla inferior para lograr un dobladillo parejo e introducir la tablilla. Use una escuadra de carpintero a fin de comprobar que los dobleces en las esquinas forman un ángulo recto.

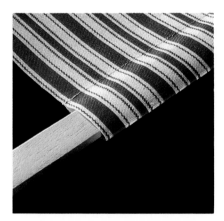

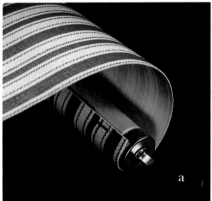

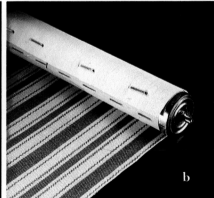

6) Cosa a 3.2 cm (1 1/4") de la orilla doblada, utilizando la puntada más larga para formar un bolsillo para la tablilla. Planche el bolsillo. Introduzca la tablilla. Si lo desea, coloque la jaladera para persianas.

7) Coloque el rodillo por debajo o por encima de la persiana, dependiendo de la forma en que va enrollarse ésta. (**a**) Para sujetar el rodillo por debajo de la persiana, coloque la espiga plana a la derecha; (**b**) para colocarlo por encima de la persiana, ponga la espiga redondeada hacia la derecha. Asegúrese que el revés del dobladillo esté volteado, de modo que no se vea cuando la persiana esté colgada. Engrape o pegue la persiana al rodillo.

Persiana romana aislante

Las persianas romanas aislantes, son una buena opción para las personas conscientes del ahorro de energía eléctrica y que les gusta coser. Estas prácticas persianas permiten que su hogar se mantenga caliente en el invierno y fresco en el verano y se pagan por sí mismas, con la reducción de los costos de calefacción y enfriamiento. Antes de comenzar a elaborar estas persianas, consulte las págs. 48 a 51 donde se explica la forma de hacer las persianas romanas.

Las persianas se forran con una tela aislante, que es la parte de la persiana que proporciona aislamiento efectivo cuando está abierta. El forro también puede usarse en otras creaciones, con objeto de conservar el ambiente interno, como en cortinas especiales y cubiertas para ventana. El forro aislante está formado por cuatro capas y acolchado (véanse figuras al calce) en canales de 20.5 cm (8”), con canales de 10 cm (4”) en las orillas.

Debido a que las capas de aislante están acolchadas, se elimina el tiempo que tardaría en hacer sus propias capas. El acolchado, también reduce el volumen, y hace que la persiana sea más atractiva y más fácil de manejar.

Las líneas de acolchado marcan la posición horizontal de las argollas en la persiana romana. (Los canales corren a lo *largo* del hilo de la tela, pero a lo *ancho* de la persiana ya terminada). Esto elimina gran parte de las mediciones que normalmente se requieren para marcar la posición de las argollas.

Las persianas aislantes, combinadas con un sistema de sellado de orilla, pueden reducir con más eficacia la pérdida o la ganancia de calor a través de las ventanas. Un sistema para sellado de orillas consiste en tiras magnéticas flexibles, colocadas a lo largo de los lados de la ventana y en la parte interior de las orillas de la persiana. Cuando las persianas están cerradas, estas tiras forman un sello hermético que impide que el aire húmedo caliente circule alrededor de las orillas de la persiana, originando pérdida y condensación de energía.

Antes de hacer la persiana, decida cómo va a ser montada, para determinar el largo y el ancho de la persiana ya terminada. Los tres tipos de montajes que pueden usarse para las persianas romanas aislantes son: *interior*, *exterior* y una *combinación de ambos*. Las indicaciones para los montajes interior y exterior, se dan en las págs. 47 y 64.

El montaje combinado (pág. 64), es especialmente adecuado para persianas aislantes. Aunque se corte la tabla para el montaje y se monte como montaje interior, la persiana es más ancha y se sobrepone a la ventana para controlar el paso de aire por las orillas.

✂ Instrucciones para cortar

Corte la tela para la persiana 7.5 cm (3”) más ancha y 30.5 cm (12”) más larga que la persiana ya terminada. Corte el forro del mismo ancho de acabado de la persiana, y largo igual al largo de acabado de la persiana más 10 cm (4”) para la holgura del montaje.

SE NECESITARÁ

Tela para decoración para la persiana.
Forro aislante, con acolchado en canal.
Cinta magnética para sistema de sellado de orilla.
Aditamento: un bastidor, argollas de plástico, armellas roscadas, poleas o retén para poleas, cordón de nylon, barra con peso para la parte inferior de la persiana, cornamusa, pegamento blanco y engrapadora, como en el caso de la persiana romana.

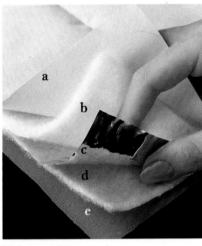

El forro aislante consiste en cuatro capas: **(a)** algodón y poliéster, lado derecho; **(b)** fibra de poliéster, **(c)** polietileno como barrera contra la humedad, **(d)** reflector de calor Mylar,^{MR} **(e)** con la adición de la tela para decoración, la persiana proporciona cinco capas de tela para aislamiento.

Para añadir un largo adicional, junte dos piezas a la altura de las líneas de acolchado. Esto mantiene 20.5 cm (8”) entre dichas líneas. Cosa todas las capas, aplicando una ligera tensión enfrente y detrás de la aguja. Corte y rebaje la costura a 6 mm (1/4”), sosteniendo las tijeras en ángulo.

Cinta magnética

El sistema de sellado de orilla está formado por cintas magnéticas que se colocan en el marco de la ventana para que coincidan con la cinta colocada dentro de la persiana. Cuando se unen, los imanes forman un sello que evita el paso de aire frío o caliente. Para despegar el sello, jale la persiana de la orilla inferior.

Cómo coser una persiana romana aislante

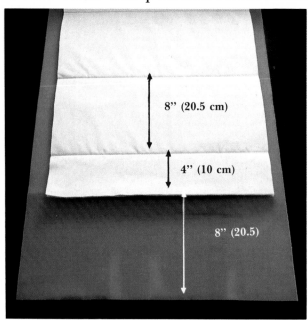

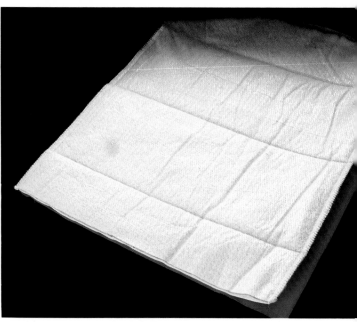

1) Corte el forro aislante y la tela para decoración como se indica en las instrucciones de corte (pág 61). Si es necesario, añada el forro para el largo adicional, como se indica en la pág. 61. Coloque un canal de 10 cm (4") en la orilla inferior de la persiana, a 20.5 cm (8") de la orilla cortada.

2) Prenda juntos los lados derechos de la persiana y del forro aislante igualando las orillas laterales y la parte superior. La tela para la persiana no quedará extendida debido a los 7.5 cm (3") que se agregaron para la cubierta del dobladillo lateral. Haga costuras de 1.3 cm (1/2"). Para reducir el volumen y evitar que el aislante se enrolle, haga zigzag o un pespunte en la orilla cerca de la orilla cortada.

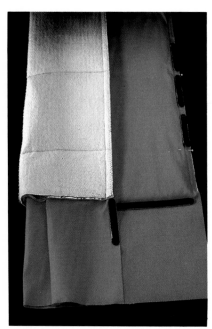

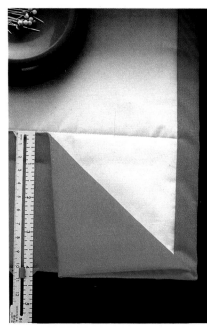

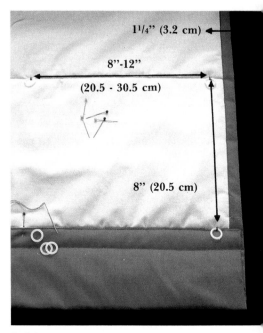

5) Coloque una·tira de 6.3 cm (2 1/2") de cinta magnética en el lado derecho de la tela para la persiana, en la parte de la costura del área del dobladillo inferior; justamente abajo de la orilla del aislante. Si utiliza sello magnético en la orilla inferior, presione firmemente la tira larga de cinta magnética, de un lado a otro de la persiana, en la orilla inferior del aislante.

6) Voltee la persiana por el derecho. Haga un dobladillo doble de 10 cm (4") en la orilla inferior. Asegúrese de que la orilla inferior esté en escuadra. Ajuste el dobladillo si es necesario. Reduzca ligeramente las orillas del dobladillo lateral de manera que no se vean por el lado derecho. Cosa cerca de la orilla del dobladillo sobre la línea de costura del canal.

7) Coloque la persiana con el forro hacia arriba, sobre una superficie plana. No la planche. Marque las posiciones de las argollas en las hileras del acolchado. Coloque las argollas a 3.3 cm (1 1/4") de los lados. El espacio de separación de las hileras verticales es de 20.5 a 30.5 cm (8" a 12") entre una y otra. Prenda todas las capas y las argollas para evitar que se muevan. Cosa las argollas con puntada para unir.

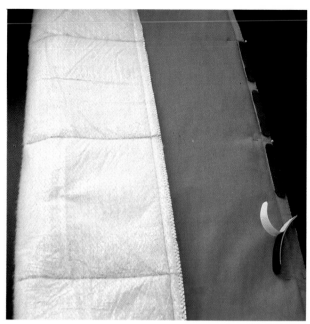

3) Coloque el rollo de cinta magnética sobre periódico y rocíe con pintura uno de sus lados. Esto marca la polaridad a lo largo de la persiana. La polaridad es importante cuando se colocan imanes a la persiana y a la ventana. Separe los largos marcados de los imanes, o bien, corte tiras de 8.3 cm (3 1/4") de largo. Redondee con tijeras las esquinas de la cinta para evitar que jalen la tela.

4) Coloque dos tiras de cinta magnética en cada canal, en la pestaña de la costura por el revés de la tela para persiana. Ponga todos los imanes en la misma dirección, usando las orillas pintadas como guía para la polaridad. Despegue el papel adhesivo y presione con firmeza. No ponga los imanes en la holgura del montaje en la parte superior de la persiana o en el área del dobladillo inferior.

8) Cubra los extremos de la barra de metal con cinta adhesiva, o lime las orillas ásperas para reducir el desgaste de la tela. Introduzca la barra en el dobladillo inferior. Cierre la abertura con puntada oculta.

9) Coloque una polea simple o con seguro para la primera hilera sobre el lado por el que se jalará la persiana. La polea tiene capacidad para más cordones que las armellas de rosca y tolera el peso adicional. Coloque el aditamento para jalar la persiana. Monte la persiana y el cordón trenzado (pág. 64).

10) Limpie la superficie con alcohol para lograr una unión hermética. Coloque las tiras largas de cinta magnética en las orillas laterales de la persiana, haciendo que coincida la polaridad. Ponga la persiana contra la pared. Despegue el papel adhesivo y presione contra la misma. Use un alfiler para eliminar las burbujas.

Cómo montar una persiana aislante utilizando montaje exterior

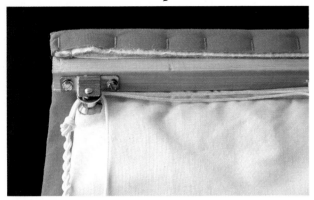

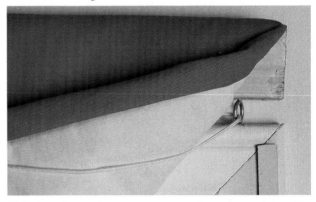

1) Corte un bastidor de 2.5 × 5 cm (1" × 2") para el ancho del acabado de la persiana. Envuelva la parte superior de la persiana sobre la orilla angosta del bastidor, y engrápela por la parte de atrás (lado ancho). Coloque las armellas de rosca directamente encima de cada hilera de argollas.

2) Coloque los cordones como para persiana romana (págs. 50 y 51, pasos 14 y 15). Fije a la pared con un tornillo el lado ancho del bastidor. Sujete la cornamusa al lado del marco o la pared de la ventana, en caso de no utilizar una polea con seguro.

Cómo montar una persiana aislante utilizando montaje interior

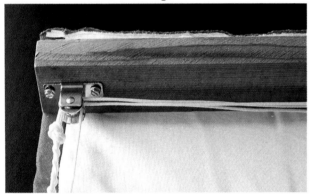

1) Corte un bastidor de 2.5 × 5 cm (1" × 2") y de largo suficiente para que se ajuste al interior de la abertura de la ventana. Envuelva la persiana sobre la orilla angosta del bastidor y engrápela. Coloque las armellas de rosca directamente encima de cada hilera de argollas. Coloque los cordones como para la persiana romana (págs. 50 y 51, pasos 14 y 15).

2) Fije con un tornillo la orilla ancha del bastidor en la parte superior del marco de la ventana. La precisión es importante en el ajuste de la persiana. Quizá sea necesaria una moldura adicional en el interior del marco de la ventana para colocar las tiras de sello magnético en la orilla. Coloque una cornamusa si no utiliza una polea con seguro.

Cómo montar una persiana aislante con montaje combinado

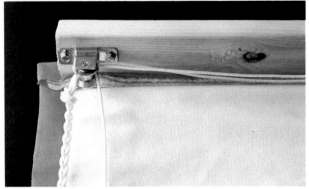

1) Corte un bastidor de 2.5 × 5 cm (1" × 2") para fijarlo dentro de la ventana. Doble la persiana sobre la línea de largo de acabado en la parte superior. Coloque el lado derecho de la tira de montaje sobre la orilla angosta del bastidor, de manera que los lados de la persiana se extiendan igualmente fuera del bastidor, y el doblez quede a lo largo de la orilla superior del mismo.

2) Sujete con grapas. Engrape una tira angosta de cartón sobre la persiana; deje caer ésta hacia adelante sobre las grapas. Compruebe si está ajustada en la ventana. Corte la tela sobrante debajo de la tira de cartón. Coloque los cordones como para persiana romana (págs. 50 y 51, pasos 14 y 15). Atornille el bastidor en la parte superior del marco de la ventana. Coloque la cornamusa.

Galerías y cenefas

Las galerías y cenefas son cabezales decorativos que van montados sobre las persianas, las cortinas y los visillos. Su objetivo funcional es cubrir cortineros expuestos, montajes simples y la parte superior de persianas con montaje convencional.

Las galerías y las cenefas, por lo general, miden aproximadamente un octavo del largo de la cortina o de la persiana. Haga las galerías de 7.5 a 10 cm (3" a 4") más anchas que la parte superior de la ventana, con una saliente de 5 a 7.5 cm (2" a 3") entre ésta. Las galerías para las persianas y las cortinas deben fijarse cerca de la moldura de la ventana. En el caso de visillos, extienda la galería más allá de la moldura, para dejar espacio para que los visillos permitan que pase la luz por la ventana cuando se abran.

Las galerías son estructuras firmes semejantes a un cajón, se hacen de madera, de cartón pesado o de poliuretano. Por lo general, están acojinadas o tapizadas, y se les pueden dar formas decorativos en el frente.

Las cenefas, son galerías de tela sencilla que no tienen refuerzos duros. Hágalas con frunces o lisas, sin adornos, con orillas con vivos o con formas para embellecer la parte superior de la ventana.

Una cenefa con frunces (fotografía superior) es una cortina corta con pliegues. Instale una cenefa con frunces en un cortinero que se separe de 2.5 a 5 cm (1" a 2") del frente del cortinero para la cortina.

Una cenefa lisa o **sencilla** no tiene amplitud adicional. Se instala en un cortinero sencillo, o se ajusta a un bastidor de 2.5 × 10 cm (1" × 4"). Instale el bastidor con escuadras de hierro, de modo que quede más ancho que la cortina; para persianas romanas, coloque la cenefa directamente en el bastidor de la misma.

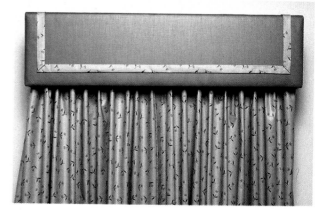

Una galería acojinada tiene la parte superior tapada, lo cual protege las cortinas del polvo. También aumenta la eficiencia de la energía eléctrica, limitando la corriente de aire en la parte superior de la ventana.

Cortinas con garfios

Las cortinas con garfios se cosen fácilmente con la cinta para pliegues que elimina la tediosa y complicada medición.

Los pliegues con garfios son el cabezal tradicional para cortinas. Cada pliegue tiene en realidad tres pequeños frunces agrupados a intervalos regulares. La cinta para plegar que se usa en pliegues con garfios tiene bolsitas entretejidas igualmente espaciadas dentro de ella, en las que se insertarán los garfios con cuatro puntas especiales para formar los pliegues.

Seleccione la cinta para pliegues que dé la amplitud deseada a la cortina. Algunas de las cintas para pliegues están diseñadas para proporcionar una amplitud doble exacta, otras para dar más o menos que el doble, dependiendo de la forma en que se usen las bolsitas. Determine la amplitud de la cortina de acuerdo con el peso de la tela; las telas ligeras necesitan más amplitud que las gruesas.

Las cortinas de lienzos son lienzos con pliegues fijos que cuelgan a los lados de la ventana.

Las cortinas corredizas pueden cerrarse de modo que cubran todo el ancho de la ventana. Estas cortinas cuelgan en varillas transversales y se abren hacia un lado solamente (descorriendo de un lado), o hacia ambos lados (descorriendo de los dos lados).

Antes de cortar la tela o la cinta, pliegue previamente *sólo la cinta* usando los garfios para plegar, a fin de determinar el ancho de acabado de la cortina y la posición de los pliegues. Pliegue la cinta al ancho del lienzo de la cortina y cuélguela en la varilla. Ajuste los pliegues cuando sea necesario, de manera que el último pliegue del lienzo quede en la esquina del costado del cortinero. No haga pliegues en los costados o en el centro de las cortinas que se abren hacia los lados en las cuales los lienzos se sobreponen. Quite los garfios y mida la cinta para calcular el ancho de acabado de los lienzos de la cortina.

✂ Instrucciones para cortar

Después de plegar la cinta al tamaño correcto, corte la cinta plegada para cada lienzo, de manera que los lienzos similares tengan bolsillos en la misma posición. Deje 1.3 cm (1/2") al final de la cinta, para el acabado.

Corte la tela para decorar al ancho de la cinta para pliegues, y deje (si es necesario) 2.5 cm (1") para costura para añadir los lienzos de tela.

En el caso de visillos, corte el ancho de la tela al largo de la cinta más 10 cm (4") para los dobladillos laterales de doble pliegue de 2.5 cm (1"); para el largo, corte el largo de acabado de la tela, más 16.5 cm (6 1/2") para el dobladillo de doble pliegue, de 7.5 cm (3") y 1.3 cm (1/2") para voltear hacia abajo sobre la parte superior.

SE NECESITARÁ

Tela para decoración para la cortina con garfios.

Cinta para pliegues, de acuerdo con el estilo de la galería

Garfios para pliegues y con puntas agudas.

Cómo coser cortinas con garfios sin forro

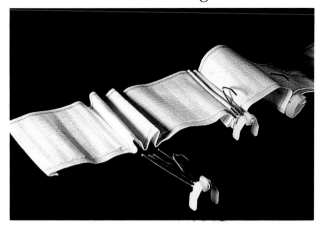

1) Pliegue primero la cinta para pliegues, con objeto de tener el ancho de acabado del lienzo de la cortina con pliegues. Deje un espacio sin plegar en uno de los extremos de la cinta para sobreponerlo en el centro de la ventana, y en el otro extremo para el costado del cortinero.

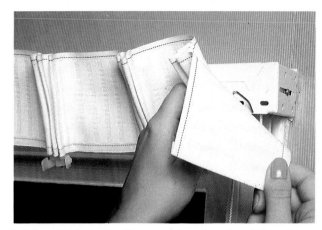

2) Coloque la cinta para pliegues en el cortinero instalado y ajuste los pliegues si es necesario. Doble los extremos 1.3 cm (1/2"). Quite los garfios. Corte los lienzos utilizando la cinta para pliegues como guía.

3) Termine los dobladillos de la cortina con pliegues. Haga un dobladillo doble de 7.5 cm (3") en la orilla inferior y 2.5 cm (1") en los dobladillos laterales. Marque 1.3 cm (1/2") de la orilla superior por el derecho de la cortina.

4) Prenda la orilla superior de la cinta para pliegues, con el lado de las funditas hacia arriba, a lo largo de la línea marcada, de manera que dicha cinta quede sobrepuesta a la cortina 1.3 cm (1/2"). Haga una costura a 6 mm (1/4") de la orilla de la cinta para pliegues.

5) Doble la cinta ya cosida hacia adentro de la cortina de manera que ésta quede al nivel de la parte superior de la cortina. Plánchela. Cosa la orilla inferior y ambos extremos de la cinta, siguiendo la guía en la cinta si está marcada.

6) Introduzca los garfios. Empuje las puntas hasta la parte superior de la cinta y asegúrese de que dicha cinta se extienda hasta la parte inferior del garfio. Ajuste los pliegues entre los garfios.

Estilos de almohadones

Los estilos de almohadones van de lo sencillo a lo elaborado. El tipo de técnica afecta el tiempo de costura. Escoja un almohadón sencillo con arista aguda o invierta más tiempo en la confección de un almohadón de cajón con acordonado y cierre de cremallera.

1) Los almohadones de rodillo son pequeños traveseros que por lo general están adornados con encaje o con holanes. Los almohadones en forma de talego son los traveseros más fáciles de hacer. Son tubos de una sola pieza que cierran con un cordón en cada extremo.

2) El almohadón acordonado con frunces lleva un cordón cubierto con frunces en la orilla del almohadón. El acordonado se pliega utilizando una técnica que se conoce como frunces, que pliega el bies que cubre al cordón. Para darle un acabado decorativo al almohadón, haga el acordonado tratando de combinar las telas o por medio de contrastes.

3) El almohadón de estilo francés (o de cajón abullonado) lleva un embutido como de cajón pero abullonado. Esto lo hace más suave que el tradicional almohadón de cajón.

4) El almohadón de orilla ancha es un almohadón común de orilla sencilla o doble, ancha, lisa en todos los lados, de 5 cm (2") de ancho, por lo general.

5) El almohadón de cajón simulado es una variación del almohadón de orilla ancha con las esquinas redondeadas para agregar volumen. Estas se hacen con frunces estilo pliegues, que se sujetan dentro del almohadón.

6) El almohadón con holán puede hacerse con encaje con pliegues o de tela sencilla o doble también con pliegues. La parte superior se enmarca con holanes combinando la tela o con telas contrastantes, se hacen atractivos bordados a mano, con punto de aguja, acolchado, labrado o sólo relleno con algodón.

7) El almohadón de cajón se hace con una tira recta o con frunces para formar el cajón. Esta puede ser suave, para almohadón blando, o firme, para cojín para silla, o para almohadón para el piso.

8) El almohadón de cajón puede hacerse con las esquinas en inglete, para dar la apariencia de cajón sencillo.

9) El almohadón de arista aguda es el almohadón más fácil de hacer. Consiste en dos piezas de tela cosidas, volteadas por el derecho y rellenas de delcrón.

10) El almohadón con acordonado es un almohadón de arista aguda con un cordón en la orilla forrado con telas que combinen o que contrasten. Se puede comprar el cordón o hacerlo. O bien, termine el almohadón con una orilla de cordón simulado para darle una apariencia de acordonado, sin tener que invertir más tiempo en la costura ni necesitar tela adicional. A este tipo de almohadones, con frecuencia se les llama almohadones con vivo.

Telas, formas y rellenos para almohadón

Para elegir la tela apropiada para un almohadón, considere cómo y donde usará y colocará el almohadón en su hogar. Si es un almohadón que tendrá mucho uso, seleccione una tela fuerte de tejido firme que conserve su forma.

Las formas y los rellenos flojos son los que le dan cuerpo a los almohadones. Dependiendo de lo lavables que sean, dichos rellenos se pueden introducir directamente en la cubierta del almohadón o pueden ponerse por separado dentro de un forro cerrado para que sea fácil quitarlo. Para facilitar el lavado o el lavado en seco, haga por separado un forro o cubierta interior para el relleno, usando tela ligera para forro, muselina o lino, o bien puede comprar la funda con relleno para almohadón. Haga el forro, como se indica para el almohadón de arista aguda (págs. 72 y 73), rellénelo con delcrón y ciérrelo a máquina. Existe una gran variedad de formas y rellenos para su elección.

Las formas estándar de poliéster para almohadones de arista aguda son cuadradas y rectangulares; las medidas van desde 25.5 hasta 76 cm (10" a 30"). Estas formas, son antialérgicas, lavables, no son de material aglomerado y pueden tener cubiertas de muselina o de poliéster. Elija cubiertas de muselina para almohadones con adorno que van a cerrarse con cinta Velcro ^{MR}. Las fibras sueltas de muselina no se enredan en el lado áspero de la cinta.

La espuma de poliuretano para almohadones y cojines firmes, se consigue en hojas de 1.3 hasta 12.5 cm (1/2" a 5") de espesor. En algunas tiendas se puede encontrar una espuma de alta densidad, de 10 cm (4") de grueso, que sirve para los cojines demasiado firmes. Pida al vendedor que le corte una pieza del tamaño que necesite para su cojín ya que la espuma es difícil de cortar. Si tiene que cortar la espuma que necesita, use un cuchillo eléctrico o con sierra cuya navaja debe rociarse con lubricante hecho a base de silicón. También puede conseguirse espuma de poliuretano en pedazos.

La fibra sintética de poliéster es un relleno para almohadones y cubiertas para éstos, lavable y antialérgico. La fibra sintética viene suelta en bolsas o en hojas de diversa densidad prensadas. Para un almohadón suave, cosa un forro interior de fibra sintética, luego, llénelo de relleno suelto. Para suavizar las orillas duras de la espuma de poliuretano, forre la forma con guata.

El kapok es un relleno de fibra vegetal, preferido por algunos decoradores por su suavidad. Sin embargo, es sucio para trabajarse y se aprieta con el uso.

El flojel es un relleno de plumas del pecho de gansos y patos lavadas y sin cañón. El flojel se usa para los almohadones más lujosos, pero es muy caro y no se consigue fácilmente.

Almohadón o forro de arista aguda

Los almohadones de arista aguda están muy rellenos en el centro y planos en las orillas. Estos sencillos almohadones se pueden hacer en media hora y con menos de .50 m (media yarda) de tela.

Para hacer forros sueltos, siga las indicaciones para almohadones de arista aguda. Los forros pueden hacerse de muselina, tela para sábanas, satén de algodón o telas similares.

✂ Instrucciones para cortar

Corte la parte del frente y la de atrás, 2.5 cm (1") más grande que el acabado del almohadón o del forro. Si va a colocar un cierre de cremallera centrado en la parte de atrás del almohadón, corte esa parte 3.8 cm (1 1/2") más ancha que el frente.

SE NECESITARÁ

Tela para decoración o para forro, para las partes del frente y de atrás del almohadón.

Tela para forro, para las partes del frente y de atrás del forro del almohadón.

Una forma para almohadón o fibra sintética de poliéster. Use 227 a 360 g (8 a 12 oz) de fibra sintética para relleno de un almohadón o forro de 35.5 cm (14") dependiendo de la consistencia deseada.

Un cierre de cremallera u otro tipo de abrochadera (opcional) (págs. 88 a 91).

Cómo hacer un almohadón o forro de arista aguda

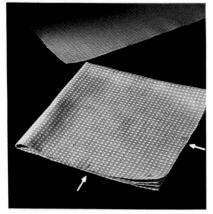

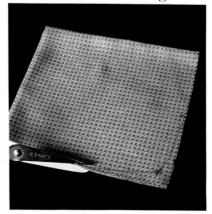

1) Doble la parte del frente en cuatro. Marque un punto a la mitad entre la esquina y el doblez en cada uno de los lados abiertos. En la esquina, marque un punto a 1.3 cm (1/2") de cada orilla sin terminar.

2) Corte desde la marca del centro hasta la esquina, disminuyendo gradualmente de la orilla a la marca a 1.3 cm (1/2"). En la orilla opuesta, disminuya desde la marca de 1.3 cm (1/2") hasta la marca del centro.

3) Desdoble la parte del frente, y úsela como patrón para cortar la parte de atrás, de manera que todas las esquinas estén ligeramente redondeadas. Esto eliminará esquinas dobladas en el almohadón.

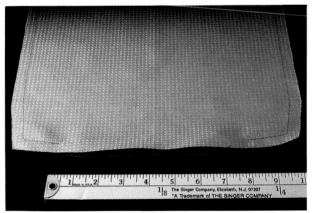

4) Prenda la parte del frente con la de atrás, poniendo los lados del derecho juntos. Haga una costura de 1.3 cm (1/2"), dejando una abertura de 20.5 cm (8") en uno de los lados para voltear y rellenar. Haga costura en reversa al principio y al final de la costura.

5) Corte las esquinas en diagonal a 3 mm (1/8") de la costura. En almohadones con orillas en curva o esquinas redondeadas, haga pequeños cortes en la pestaña a intervalos a lo largo de las curvas, para que sea más fácil voltear la costura.

6) Voltee el almohadón por el derecho, arreglando las esquinas. Planche las costuras. Planche hacia abajo la pestaña de atrás en la abertura.

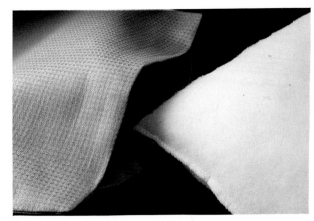

7) Introduzca una forma ya hecha dentro del almohadón, o rellénelo con fibra sintética de poliéster, como en el paso número 8. Use una forma o forro que pueda retirarse en almohadones que se lavarán con agua o en seco.

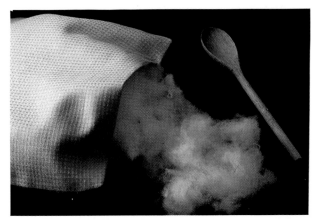

8) Rellene el almohadón o el forro con fibra sintética de poliéster; separe suavemente la fibra con objeto de esponjarla. Para rellenar las esquinas use un objeto largo, sin filo, como el mango de una cuchara de madera.

9) Prenda la abertura por cerrar y haga pespunte sobre la orilla doblada, cosa en reversa al principio y al final de la línea de la costura; o cierre con punto deslizado a mano.

Almohadón de arista aguda ribeteado de cordoncillo

El acordonado agrega estabilidad a los almohadones y les da una apariencia profesional. El acordonado se hace cubriendo un cordón con tiras para bies.

✂ **Instrucciones para cortar**
Corte la parte del frente y la de atrás del almohadón, 2.5 cm (1") más grande que la medida de acabado del almohadón. Si va a colocar un cierre de cremallera centrado, corte la parte de atrás 3.8 cm (1 1/2") más ancha que el frente. Corte las tiras de bies para hacer el acordonado como se indica en el paso número 1.

SE NECESITARÁ

Tela para decoración, para la parte del frente y de atrás del almohadón, y para el acordonado
Un cordón (de algodón blanco torcido o de poliéster), 7.5 cm (3") más largo que el total de la orilla del almohadón.
Una forma o forro para almohadón de arista aguda.
Un cierre de cremallera u otro tipo de abrochadera (opcional) (págs. 88 a 91).

Cómo hacer un almohadón de arista aguda ribeteado de cordoncillo

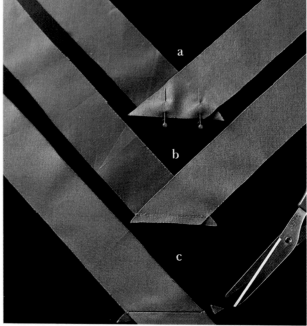

1) Corte tiras para bies. Identifique la línea del sesgo, doblando la tela diagonalmente, de manera que el orillo quede alineado con el corte transversal. Para un cordón de 6 mm (1/4"), marque y corte tiras paralelas a la línea del bies, de 4.2 cm (1 5/8"). Para un cordón más grueso, corte tiras más anchas. Deje de cortar cuando la última tira esté aún sobre el corte transversal. Es más fácil unir las tiras, si los extremos están el sesgo.

2) (a) Prenda las tiras formando ángulos rectos, juntando ambas por el lado derecho. **(b)** Haga costuras de 6 mm (1/4") y ábralas con plancha, haciendo una tira continua de largo igual al contorno del almohadón más 7.5 cm (3"). **(c)** Corte las puntas de las costuras emparejándolas con las orillas.

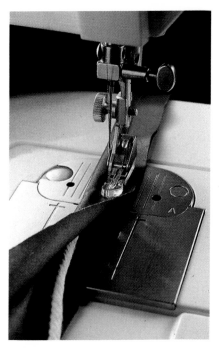

3) Centre el cordón en el revés de la tira para bies. Dóblela sobre el cordón alineando la orilla. Utilice el prensatelas para cierres de cremallera por el lado derecho de la aguja, haga puntada de hilván cerca del cordón, estirando poco a poco el bies para ayudar a que el cordón se acomode fácilmente alrededor del almohadón.

4) Prenda el ribete con cordoncillo por el lado derecho del frente del almohadón, con el cordón hacia el centro y alineadas las orillas sin terminar. Para que el ribete quede mejor en las esquinas, hágales pequeños cortes en la orilla cerca de la línea de la costura.

5) Cosa sobre la línea del hilván. Deje de coser 5 cm (2") antes del punto donde se encontrarán los extremos. Deje la aguja en la tela. Corte uno de los extremos del acordonado de manera que se empalme sobre el otro extremo 2.5 cm (1").

6) Abra la costura 2.5 cm (1") en cada extremo del cordón. Corte los extremos de manera que las puntas queden encontradas.

7) Doble 1.3 cm (1/2") la tira del bies que quedó sobre la otra tira. Voltéela alrededor de éste extremo y termine la costura. Prenda la parte del frente del almohadón con la de atrás, poniendo juntos los lados por el derecho.

8) Coloque la orilla del almohadón debajo del prensatelas con la parte del frente hacia arriba. Use el prensatelas para cierres de cremallera, y cosa por dentro de la línea del hilván apretando la costura lo más cerca posible del cordón. Deje una abertura de 20.5 cm (8"). Para terminar, siga las indicaciones que se dan para el almohadón de arista aguda (pág. 73, pasos 7 a 9).

Almohadón de cajón simulado

Los almohadones de cajón simulado son una variación de los almohadones de arista aguda y pueden hacerse de tres diferentes estilos. Los almohadones con esquinas en inglete llevan una costura corta transversal en cada esquina, para crear una forma de cajón Profesional. Las esquinas en los estilos de frunces se hacen por dentro del almohadón. Los almohadones plisados tienen pequeñas alforzas en cada esquina. El acabado de almohadón turco o de harén, se puede relacionar con el almohadón con frunces o plisado.

✂ Instrucciones para cortar

Corte las partes del frente y de atrás, de la misma medida que el acabado del almohadón, más la medida del espesor y 2.5 cm (1") para costuras. Por ejemplo: para un almohadón de 35.5 cm (14"), de 7.5 cm (3") de espesor, corte las partes del frente y de atrás de 46 cm (16 1/2") cuadrados.

SE NECESITARÁ

Una forma para almohadón de arista aguda, 5 cm (2") más grande que el almohadón. O bien, haga un forro para almohadón de cajón, siguiendo las siguientes indicaciones.
Tela para decoración para las partes del frente y de atrás del almohadón.
Un cierre de cremallera u otro tipo de abrochaderas (opcional) (pág. 91).

Cómo hacer un almohadón de cajón simulado con esquinas en inglete

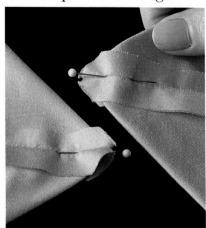

1) Cosa como se indica en la pág. 73, paso 4. Abra las costuras y plánchelas. Separe las esquinas en la parte del frente y de atrás. Centre las costuras en cada lado de la esquina, una sobre otra. Prenda a través de la costura.

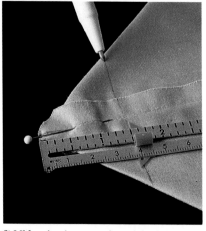

2) Mida sobre la costura lateral desde la esquina hasta la mitad de la medida del espesor de acabado; por ejemplo: para un almohadón de 7.5 cm (3") de espesor, mida 3.8 cm (1 1/2") a partir de la esquina. Dibuje una línea perpendicular a la costura.

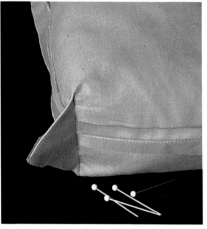

3) Cosa a través de la esquina del almohadón, sobre la línea marcada, cosiendo en reversa al principio y al final de la costura. No corte ésta. Para terminar, siga las indicaciones que se dan para el almohadón de arista aguda (pág. 73, pasos 6 a 9).

Cómo hacer un almohadón de cajón simulado con esquinas fruncidas

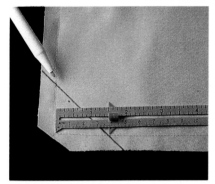

1) Cosa las partes del frente y de atrás como en el almohadón de arista aguda (pág. 73, paso 4). Mida en cada línea de costura, desde la punta de la esquina hasta la mitad de la medida del espesor del almohadón terminado. Una las puntas de las esquinas con una línea diagonal.

2) Haga un hilván en la línea diagonal con hilo doble o forzal para ojales o sobrespespunte. Jale el hilo para hacer el fruncido.

3) Enrolle el hilo varias veces alrededor de la esquina con frunces, asegurándolo con un nudo apretado. No corte la esquina. Repita esto en cada esquina. Termine en la misma forma que se hizo para el almohadón con arista aguda (pág. 73, pasos 6 a 9).

Cómo hacer un almohadón de cajón simulado con esquinas plisadas

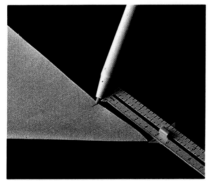

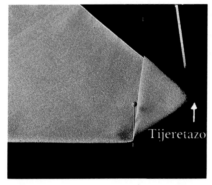

Tijeretazo

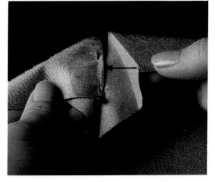

1) Doble la esquina por la mitad en diagonal. Sobre la orilla cortada, mida desde la esquina hasta la mitad de la medida del espesor del almohadón, más 1.3 cm (1/2"), por ejemplo, para un almohadón de 7.5 cm (3") de espesor, mida 5 cm (2") a partir de la punta de la esquina.

2) Marque el punto medido con tijeretazos de 6 mm (1/4") a través de ambas costuras. Doble la esquina hacia atrás en los cortes para formar un triángulo. Marque el doblez con un alfiler. Planche el triángulo.

3) Extienda la esquina, de manera que quede plana, con el lado derecho hacia arriba. Doble la tela desde el corte hasta el alfiler; acerque el doblez hasta casarlo con la marca del centro para formar un pliegue. Prenda el pliegue en ese lugar. Haga lo mismo en las otras esquinas.

4) Hilvane a través del pliegue, a 1.3 cm (1/2") desde la orilla sin terminar, quitando los alfileres conforme vaya cosiendo. Corte la tela que formó el triángulo en la esquina. Repita este procedimiento en cada esquina, tanto en la parte del frente, como en la de atrás.

5) Prenda la parte del frente con la de atrás, poniendo los lados derechos juntos con la parte del frente dentro de la de atrás para formar un "cesto". Case con precisión las esquinas con alforzas.

6) Haga una costura de 1.3 cm (1/2"). Para terminar, siga las indicaciones que se dan para el almohadón de arista aguda (pág. 73, pasos 6 a 9).

Almohadones con acordonado simulado

El almohadón con acordonado simulado es un almohadón de arista aguda con acordonado alrededor de las orillas, que se cose *después* de haber unido el almohadón.

✂ Instrucciones para cortar

Corte la parte del frente del almohadón, 2.5 cm (1") más grande que la medida de acabado de éste. Corte la parte de atrás, del mismo largo que el frente, y 3.8 cm (1 1/2") para la costura del cierre.

SE NECESITARÁ

Tela para decoración para las partes del frente y de atrás del almohadón.
Cinta Velcro^{MR} o cierre de cremallera, 5 cm (2") más corto que la parte de atrás del almohadón. Los cierres se deben de colocar en el centro de la parte de atrás del almohadón.
Un cordón, ribete con acordonado o cuerda de 1.3 cm (1/2") que de largo mida lo mismo que el total de la orilla del almohadón.
Una forma para almohadón o un forro de arista aguda.

Cómo hacer un almohadón con acordonado simulado

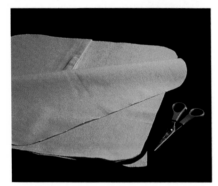

1) Redondee las esquinas de las partes del frente y de atrás. Coloque la cinta Velcro^{MR} u otro tipo de broche en el centro de la parte de atrás del almohadón (págs. 89 y 90).

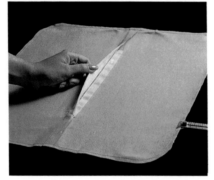

2) Prenda las partes del frente y de atrás, poniendo juntos los lados derechos. Haga una costura de 6 mm (1/4") alrededor del almohadón. Voltee éste por el derecho.

3) Prenda el cordón por dentro del almohadón, tan apretado como sea posible contra la costura exterior. Los extremos del cordón deben quedar encontrados.

4) Cosa el cordón por el lado derecho, apretando la costura contra éste, use el prensatelas para cierres de cremallera. Deje una abertura de 7.5 cm (3") donde se encuentran los extremos de los cordones.

5) Jale el cordón aproximadamente 10 cm (4") en cada extremo para fruncir las esquinas. Acomode los frunces. Corte el cordón de manera que los extremos queden juntos encontrados. Cosa los extremos.

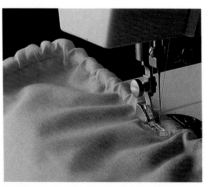

6) Haga un sobrepespunte para cerrar la abertura, usando el prensatelas para cierre de cremallera. Comience y termine la costura sobre las líneas anteriores de la misma. Introduzca la forma o forro del almohadón.

Almohadón de cajón

Use almohadones de cajón como cojines o como almohadones informales. Estos almohadones son firmes debido a la tira que se cose entre las partes del frente y de atrás, para dar la forma.

✂ Instrucciones para cortar

Corte las partes del frente y de atrás del almohadón 2.5 cm (1") más grande que la medida de acabado del almohadón. Corte también las tiras para el cajón de igual largo que la medida alrededor del almohadón, más 2.5 cm (1") para costuras; y ancho igual al espesor del mismo, más 2.5 cm (1").

SE NECESITARÁ

Tela para decoración para las partes del frente y de atrás y la tira para el cajón del almohadón.
Una forma o forro para almohadón de arista aguda, 5 a 7 cm (2" a 3") más grandes que la medida de acabado del almohadón.

Cómo hacer un almohadón de cajón

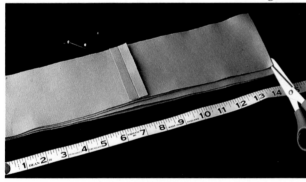

1) Cosa los extremos cortos de la tira para cajón, uniendo las tiras por el lado derecho, hasta tener el largo para el cajón. Ciérrela y dóblela en cuatro partes y marque cada doblez con un corte de 1 cm (3/8") en ambas orillas.

2) Prenda la tira para cajón a la parte del frente del almohadón, juntando las dos piezas por el lado derecho, iguale las orillas sin terminar y case las equinas cortadas de la tira con las esquinas del almohadón.

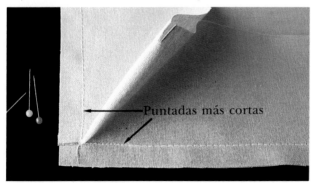

3) Haga una costura de 1.3 cm (1/2") con puntadas más cortas a 2.5 cm (1") de cada lado de la esquina, haciendo una o dos puntadas en diagonal a través de cada esquina, en lugar de girar la aguja. Esto refuerza las esquinas y crea picos bien delineados.

Puntadas más cortas

4) Prenda la tira para cajón con la parte de atrás del almohadón, poniendo juntas las partes del lado derecho, case las esquinas cortadas con las esquinas del almohadón. Haga una costura de 1.3 cm (1/2") como se indica en el paso 3; deje un lado abierto para introducir la forma. Para terminar, siga las indicaciones que se dan para el almohadón de arista aguda (pág. 73 pasos 6 a 9).

Almohadón con holanes

Los holanes dan atractivo al almohadón o realzan los que tienen un fino trabajo de bordado. Haga los holanes de telas que combinen o contrasten, encajes o tira bordada.

✂ Instrucciones para cortar

Corte las partes del frente y de atrás, 2.5 cm (1") más grandes que el acabado del almohadón. Corte las tiras para el holán dos veces el ancho deseado más 2.5 cm (1") para costura, y largo de dos o tres veces la medida alrededor del almohadón, corte a lo ancho de la tela. Por lo general, los holanes miden 7.5 cm (3") de ancho.

SE NECESITARÁ

Tela para decoración para las partes del frente y de atrás y para el holán doble.

Holán ya hecho (opcional), 2.5 cm (1") más largo que el total de la orilla del almohadón.

Un cordón, (cordón, crochet de algodón o hilo dental) para frunces.

Una forma o forro para almohadón de arista aguda.

Cómo hacer un almohadón con holanes

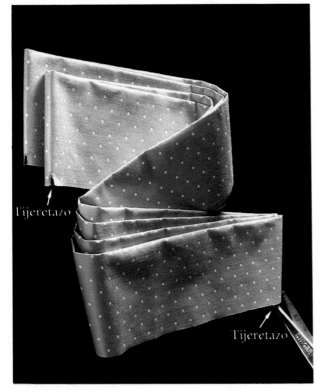

1) Una los extremos de la tira para holán hasta tener la medida necesaria y ciérrela. Doble la tira por la mitad juntando las partes por el revés. Doble la tira en cuatro partes. Marque cada doblez con un tijeretazo de 1 cm (3/8").

2) Prepare la orilla sin terminar para los frunces (pág. 38). Case los cortes del holán con las esquinas sobre el lado derecho del frente del almohadón. Prenda en las esquinas emparejando las orillas sin terminar.

3) Jale el cordón para plegar el holán hasta que éste se ajuste a cada lado del frente del almohadón. Distribuya los frunces y prenda el holán en ese lugar.

4) Hilvane a máquina el holán a la prenda del frente del almohadón, cosiendo justamente dentro de la línea de frunces.

5) Prenda la parte de atrás con el frente del almohadón, poniendo juntos los lados por el derecho, con el holán entre ambas partes. Haga una costura de 1.3 cm (1/2"), y deje una abertura de 20.5 cm (8") en uno de los lados para voltear.

6) Voltee el almohadón por el derecho, introduzca la forma o el forro de arista aguda y cierre la abertura con puntada deslizada.

Almohadones de orilla ancha

Estos almohadones son iguales a los de arista aguda, sólo que tienen un reborde plano de la misma tela. La orilla puede ser sencilla o doble, y por lo general mide 5 cm (2") de ancho. El almohadón de orilla ancha doble puede cerrarse con un cierre de cremallera, o con broches, el de orilla ancha sencilla, se cierra con costura.

✂ **Instrucciones para cortar**
Para un almohadón de orilla sencilla, corte las partes del frente y de atrás 12.5 cm (5") más grandes que el área interior que se va a rellenar. Esto dará una orilla de 5 cm (2") y 1.3 cm (1/2") para costura en cada lado.

En el caso de un almohadón de orilla ancha doble, corte el frente de éste 23 cm (9") más grande que la forma. Esto dará una orilla de 5 cm (2") y 1.3 cm (1/2") para costura de cada lado. Corte la parte de atras 3.8 cm (1 1/2") más ancha que el frente para el cierre.

SE NECESITARA

Tela para decoración, para las partes del frente y de atrás del almohadón.
Fibras sintéticas de poliéster, para almohadón de orilla ancha sencilla, aproximadamente 179 g (6 oz) para un almohadón de 30.5 cm (12").
Una forma o forro para almohadón de arista aguda o de orilla ancha doble, para ajustar en el área interior.
Un cierre de cremallera o cinta Velcro[MR] para almohadón de orilla ancha doble, 5 cm (2") más corto que la medida del área interior que se va a rellenar (págs. 89 y 90).

Cómo hacer un almohadón con orilla ancha sencilla

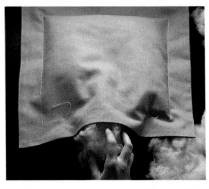

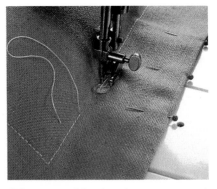

1) Prenda juntos los lados derechos del almohadón. Haga una costura de 1.3 cm (1/2") y deje una abertura de 20.5 cm (8"). Voltee el almohadón por el derecho. Plánchela. Haga un pespunte a 5 cm (2") de la orilla: comience y termine en la abertura.

2) Rellene el área interior con fibra sintética de poliéster floja, asegúrese de que el relleno llegue a las esquinas. No rellene la orilla ancha (reborde).

3) Pespuntee el área interior para cerrar, utilizando el prensatelas para cierre de cremallera; comience y termine en la primera línea de costura. Para cerrar la abertura use punto deslizado o pespuntee en la orilla, alrededor del almohadón.

Cómo hacer un almohadón con orilla ancha doble y esquinas en inglete

1) Introduzca el cierre de cremallera (pág. 90), la cinta Velcro^MR o la cinta con broches (pág. 89) en la parte de atrás del almohadón.

2) Planche un doblez de 6.3 cm (2 1/2") en cada lado de las partes del frente y de atrás. Coloque las dos partes juntas para asegurarse de que las esquinas están parejas; si es necesario, ajuste los dobleces planchados.

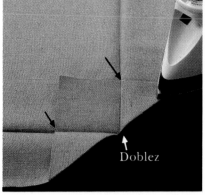

3) Abra la esquina. Doble hacia atrás las esquinas en diagonal de manera que las líneas del doblez coincidan (ver las flechas). Planche el doblez en diagonal.

4) Abra la esquina. Doble por el centro de la esquina (ver la línea punteada), poniendo los lados derechos juntos.

5) Prenda sobre la línea del doblez en diagonal, las orillas deben quedar parejas. Cosa sobre la línea del doblez en ángulo recto hacia la esquina doblada.

6) Recorte la costura a 1 cm (3/8"). Abra la costura y plánchela.

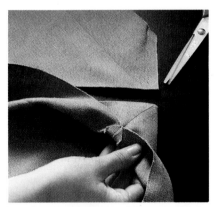

7) Voltee la esquina por el derecho. Use la plegadera de madera o el extremo sin filo de las tijeras, para lograr una punta aguda. Planche las orillas. Repita este procedimiento en las esquinas del frente y de la parte de atrás.

8) Prenda el frente del almohadón con la parte de atrás juntando las partes por el revés, casando las esquinas de inglete cuidadosamente.

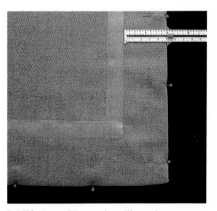

9) Mida 5 cm (2") para la orilla ancha, marque la línea de la costura con una cinta transparente. Haga un sobrepespunte a través de todas las capas de la tela a lo largo de la orilla de la cinta. Introduzca la forma o forro en el almohadón.

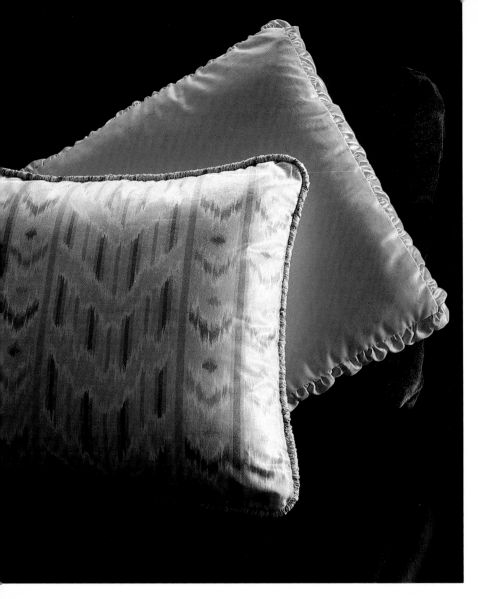

Almohadones con frunces

El acordonado con frunces, o el cajón abullonado dan a los almohadones un aspecto formal.

✂ Instrucciones para cortar

Para el almohadón de cajón abullonado (o estilo francés) corte las partes del frente y de atrás 2.5 cm (1") más grandes que la medida de acabado del almohadón. Corte la tira para el abullonado del cajón 2.5 cm (1") más ancha que el espesor de la forma, y de largo dos a tres veces más que la medida alrededor del almohadón.

Para almohadones con acordonado con frunces, corte las partes del frente y de atrás 2.5 cm (1") más grandes que la medida de acabado del almohadón. Para el acordonado, corte las tiras a lo ancho de la tela, de suficiente ancho para cubrir el cordón, más 2.5 cm (1") para costura. El largo combinado de las tiras debe ser dos o tres veces la medida alrededor del almohadón.

SE NECESITARÁ

Tela para decoración, para las partes del frente y de atrás del almohadón y para el acordonado y el abullonado para el cajón.
Un cordón (de algodón blanco torcido o de poliéster, en caso de hacer acordonado con frunces), 7.5 cm (3") más largo que el total de la orilla del almohadón.
Cordón para funces (de hilo, crochet de algodón o hilo dental).
Una forma o forro para almohadón de arista aguda envuelto en guata de poliéster.

Cómo hacer un almohadón de estilo francés

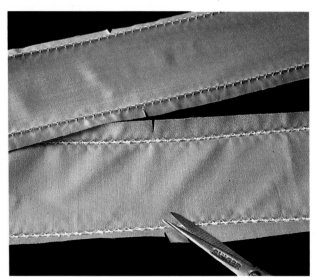

1) **Cosa** las hileras para los frunces a lo largo de las orillas superior e inferior de la tira para cajón, cubriendo el cordón con puntada de zigzag. Doble la tira en cuatro partes y marque la tira por ambos lados en esos dobleces con pequeños cortes de 1 cm (3/8").

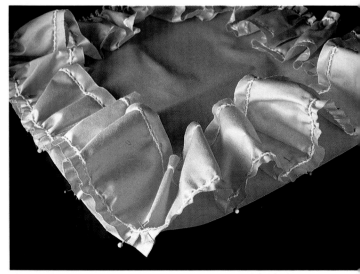

2) **Prenda** la tira para cajón en la parte del frente del almohadón, poniendo juntos los lados derechos, las orillas parejas, y casando los cortes en la tira para cajón, con las esquinas del almohadón. Jale el cordón hasta que quede ajustado en todos los lados del almohadón.

Cómo hacer un acordonado con frunces

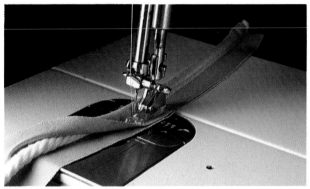

1) Una los extremos de las tiras para el acordonado con costuras de 6 mm (1/4"). Abra las costuras y plánchelas. Cosa uno de los extremos del cordón por el revés de la tira, a 1 cm (3/8") de la orilla de la misma.

2) Doble la tira para el acordonado sobre el cordón, con los reveses hacia el mismo lado y emparejando las orillas. Con el prensatelas para cierres, haga un hilván a máquina de 15 cm (6"), cerca del cordón pero sin prenderlo. Suspenda la costura sin sacar la aguja de la tela.

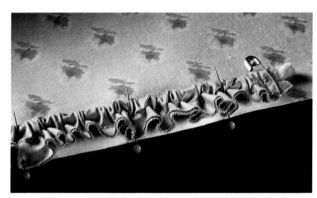

3) Levante el prensatelas. Mientras jala suavemente el cordón, empuje la tira para el acordonado hacia atrás, hasta que la tela que está detrás de la aguja quede con frunces apretados. Continúe cosiendo por tramos de 15 cm (6") hasta que todo el acordonado esté fruncido.

4) Prenda con alfileres de seguridad los extremos para evitar que el cordón resbale. Cosa el acordonado al delantero del almohadón y una los extremos del cordón como para el almohadón con acordonado (pág. 75, pasos 4 a 8).

3) Distribuya los frunces y prenda según sea necesario. Una los cuatro lados por dentro del pespunte para el fruncido; cosa las esquinas, como se indicó en la pág. 79, paso 3.

4) Prenda la orilla inferior de la tira para cajón, a la parte posterior del almohadón. Repita los pasos números 2 y 3, pero cosa únicamente 3 lados, dejando uno abierto, para introducir la forma del almohadón.

5) Para el acabado, siga las indicaciones que se dan para el almohadón de arista aguda, (pág. 73, pasos 6 a 9), pero rellene con una forma para almohadón envuelta en guata de poliéster.

Almohadón de rodillo y tipo talega

Los almohadones de rodillos y tipo talega son traveseros pequeños, redondos, con cubiertas que pueden quitarse, que se fruncen en ambos extremos con un listón.

✂ Instrucciones para cortar

Para el almohadón de rodillo, corte la tela del mismo ancho que la circunferencia del almohadón, más 2.5 cm (1") para costura; y del mismo largo que el almohadón, más 2.5 cm (1"). Corte dos tiras para los extremos, del mismo largo que la circunferencia del almohadón, más 2.5 cm (1") para costura; y de ancho, igual que el radio más 3.8 cm (1 1/2").

Para el almohadón tipo talega corte la tela del mismo ancho que la medida de la circunferencia del almohadón, más 2.5 cm (1"), y de igual largo que el mismo, más el diámetro de éste y 3.8 cm (1 1/2") para coser la jareta.

SE NECESITARÁ

Tela para decoración, para el almohadón de rodillo, y para dos tiras para cerrar los dos extremos.
Holanes de tira bordada, para el almohadón de rodillo. Corte dos piezas, cada una de la misma medida de la circunferencia del almohadón, más 2.5 cm (1") para costura.
Listón, para la jareta, de 6 mm (1/4") de ancho y aproximadamente 1.4 m (1 1/2 yardas) de largo.
Guata de poliéster para darle forma al almohadón; del mismo ancho que el largo del almohadón y aproximadamente .95 m (1 yarda) de largo.

Cómo hacer un almohadón de rodillo

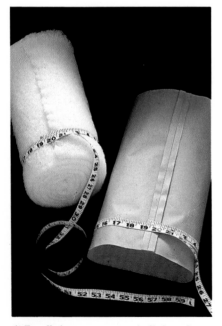

1) Enrolle la guata como se indicó en el paso 1 para el almohadón en forma de talega. Doble la tela para el rodillo por la mitad, poniendo juntos los lados derechos. Haga una costura de 1.3 cm (1/2") en la orilla a lo largo del almohadón, ábrala y plánchela.

2) Voltee el tubo por el derecho. Una los extremos de cada tira bordada con costura francesa. Prenda la tira bordada a cada extremo del rodillo, poniendo los lados derechos juntos e igualando las orillas. Haga una costura angosta de 1.3 cm (1/2").

3) (a) Planche doblando 6 mm (1/4"), luego doble de nuevo 1.3 cm (1/2") en una de las orillas largas de cada tira para formar la jareta para el listón. **(b)** Abra la jareta con la plancha, cosa los extremos angostos de cada tira, poniendo juntos los lados derechos. Abra la costura y plánchela.

Cómo hacer un almohadón en forma de talega

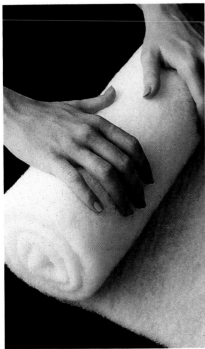

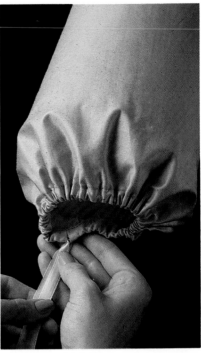

1) Enrolle la guata de poliéster sin apretar, hasta que quede del espesor deseado para el rodillo. Cosa la orilla al rollo con puntada deslizada floja. Si usa forma para almohadón, envuélvala con guata dos veces; cósala para sostenerla.

2) Planche doblando 6 mm (1/4"), luego doble de nuevo 1.3 cm (1/2") en cada extremo de la tela, para formar la jareta. Doble la tela por la mitad a lo largo poniendo los lados derechos juntos. Haga una costura de 1.3 cm (1/2") en la orilla, abra la costura y plánchela.

3) Cosa cerca del doblez interior, comenzando y terminando en la costura. Haga costura en reversa al principio y al final para asegurar la costura. Termine el almohadón como se indicó en el paso 6 para el almohadón de rodillo.

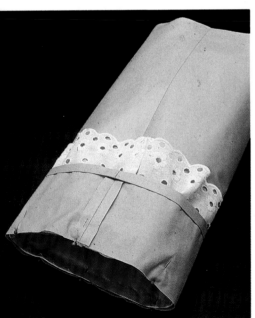

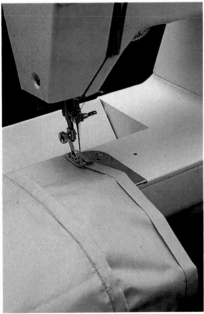

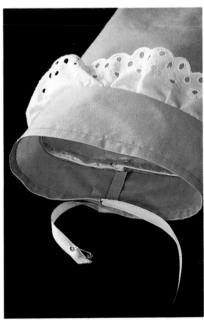

4) Prenda las orillas de las tiras sin planchar a los extremos del tubo, poniendo los lados derechos juntos de manera que la tira bordada quede entre el rodillo y la tira para la jareta. Haga una costura de 1.3 cm (1/2"). Si la máquina tiene brazo libre, deslice el rodillo sobre él, para coser en círculo.

5) Pespuntee cerca de los dobleces interiores de las tiras de tela, comenzando y terminando en la costura. Repita dos veces el pespunte al principio y al final para asegurar la costura. Corte 3 ó 4 puntadas en la costura de la jareta para hacer la abertura para el listón.

6) Pase el listón por las jaretas utilizando el pasacintas o un alfiler de seguridad. Para evitar que el listón se deshilache, corte los extremos diagonalmente. Introduzca la guata enrollada o la forma. Jale los listones y amarre.

Cómo cerrar los almohadones

Los cierres de cremallera pueden colocarse en el centro de la parte posterior del almohadón, o en la costura lateral, o se puede poner un cierre con traslape o centrado. Aunque los cierres con cremallera son la manera tradicional para cerrar almohadones, hay varias alternativas buenas.

Una abertura con traslape es una técnica común para fundas de almohadones (página 118) así como un método fácil y poco costoso para cerrar cualquier almohadón.

La cinta con broches y la cinta Velcro^MR (o cierre automático), son fáciles de manejar y dan un terminado plano y suave. La cinta con broches da más de sí y es apropiada para almohadones muy suaves.

Cómo coser una abertura con traslape

1) Corte la pieza trasera del almohadón 10 a 14 cm (4" a 5 1/2") más ancha que el frente, para formar un traslape de 3.8 a 7.5 cm (1 1/2" a 3"). Corte esta parte por la mitad, en la orilla aumentada.

2) Planche doblando 6 mm (1/4"), luego doble de nuevo 2.5 cm (1"), para el dobladillo de cada una de las orillas centrales de la parte de atrás del almohadón. Utilice punto deslizado o puntada invisible para los dobladillos.

3) Prenda la partes del frente con la de atrás de almohadón; case las orillas sin terminar y traslapando los dobladillos en el centro. Haga costuras de 1.3 cm (1/2"). Voltee el almohadón por el derecho e introduzca la forma o el forro de éste.

Cómo cerrar un almohadón con cinta Velcro^{MR} o con cinta con broches de presión

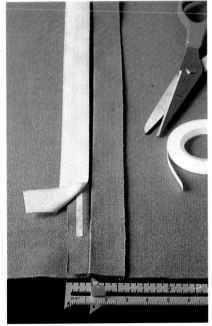

1) Prepare las costuras como para cierre de cremallera (pág. 90). Corte la cinta Velcro ^{MR} 2.5 cm (1") más larga que la abertura. Recorte 6 mm (1/4") a una pestaña. Coloque la parte áspera de la cinta a lo largo del doblez de esta costura, de manera que la cinta se extienda 1.3 cm (1/2") fuera de la abertura en cada extremo. Prenda, pegue o cosa esta cinta.

2) Cosa la parte áspera de la cinta cerca de las orillas por los cuatro lados, abarcando el trasero del almohadón y la pestaña de la costura. Las puntadas se ven por el lado derecho del almohadón.

3) Cosa la parte afelpada de la cinta por el revés de la costura opuesta, traslapando la cinta 3 mm (1/8") sobre la costura y extendiendo la cinta 1.3 cm (1/2") fuera de la abertura en cada extremo.

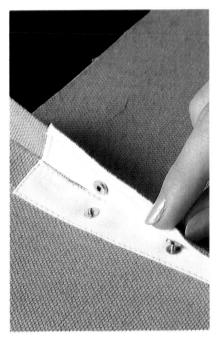

4) Voltee la parte afelpada de la cinta sobre el lado derecho de la costura y cósala a la pestaña por los tres lados restantes.

5) Coloque una cinta sobre otra. Prenda la parte del frente del almohadón con la parte de atrás por tres lados, poniendo juntos los lados derechos. Haga unas costuras de 1.3 cm (1/2"). Voltee el almohadón por el derecho y meta la forma o el forro.

6) Para colocar la cinta con broches de presión, siga las indicaciones que se dan en los pasos 1 a 5, asegurándose de que los broches ajusten bien, para que el área quede lisa. Use el prensatelas para cierres de cremallera para coser la cinta con broches.

Cómo colocar un cierre centrado, en la parte posterior del almohadón

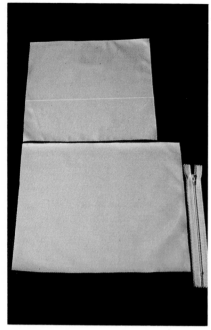

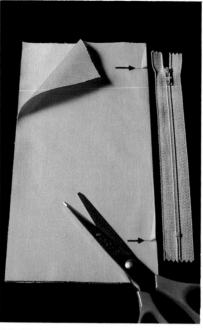

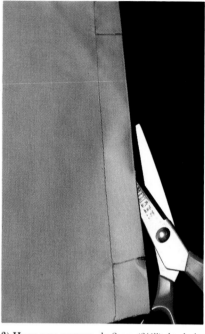

1) Corte la parte de atrás del almohadón 3.8 cm (1 1/2") más ancha que la parte del frente, para una costura de 2 cm (3/4"). Use un cierre de cremallera 5 cm (2") más corto que la parte de atrás del almohadón.

2) Doble la parte de atrás del almohadón por la mitad, a lo largo, poniendo los lados derechos juntos. Centre el cierre de cremallera a lo largo del doblez dejando la misma distancia en cada extremo. Haga pequeños cortes en el doblez de la tela para marcar los extremos de la espiral del cierre (ver flechas).

3) Haga una costura de 2 cm (3/4") desde la orilla del almohadón hasta la primera marca. Pespuntee dos veces para rematar. Cosa con **pespunte largo 1.3 cm (1/2") después** de segunda marca. Acorte el largo de la puntada y remate. Cosa hasta la orilla. Corte a lo largo del doblez; abra la costura y plánchela.

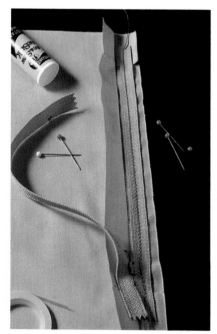

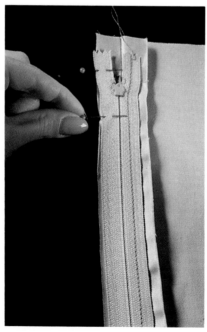

4) Abra el cierre de cremallera y céntrelo, con el derecho hacia abajo, entre las dos marcas con los dientes sobre la línea de la costura. Prenda, pegue o utilice cinta para hilvanar a fin de sostener el lado derecho de la cinta del cierre sobre la costura derecha. Hilvane a máquina.

5) Suba el cierre de cremallera y prenda, pegue o use cinta para hilvanar a fin de sostener el lado izquierdo de la cinta sobre la costura izquierda. Hilvane a máquina.

6) Extienda el almohadón con el lado derecho hacia arriba. Marque con alfileres los dos extremos del cierre de cremallera. Centre una cinta transparente de 2 cm (3/4") sobre la costura para utilizarla como guía. Pespuntee alrededor de la cinta. Anude los hilos por el revés. Quite el hilván.

Cómo colocar un cierre con traslape en la costura del almohadón

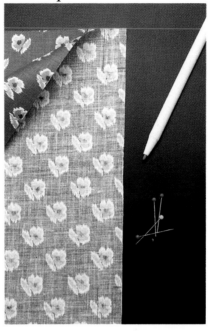

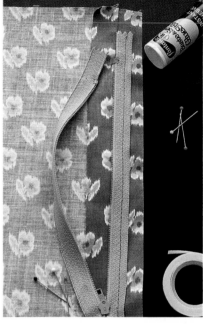

1) Use un cierre de cremallera 5 cm (2") más corto que el largo del almohadón. Prenda la parte del frente con la de atrás por uno de los lados, poniendo juntos los lados derechos Coloque el cierre a lo largo de la costura prendida, dejando la misma distancia en cada orilla. Marque los extremos de la espiral sobre la costura.

2) Haga una costura de 2 cm (3/4") en cada extremo de la abertura del cierre, pespunteando dos veces en las marcas. Planche un doblez de 2 cm (3/4") para la costura por el revés del almohadón.

3) Abra el cierre de cremallera. Coloque uno de los lados con el derecho hacia abajo, sobre la costura del frente del almohadón, de manera que los dientes queden sobre la línea de la costura. (Si el almohadón es con acordonado, coloque el cierre sobre el ribete.) Prenda, pegue o hilvane el cierre en ese lugar. Usando el prensatelas para cierre, cosa sólo la cinta de cierre a la pestaña de la costura.

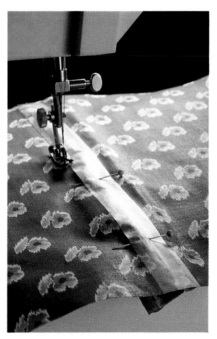

4) Suba el cierre de cremallera. Extienda el almohadón con el lado derecho hacia arriba, asegurándose de que la pestaña planchada quede sobre los dientes del cierre. Prenda el cierre en ese lugar por el lado derecho abarcando la cinta del cierre abajo.

5) Coloque una cinta transparente de 1 cm (3/8") a lo largo de la línea de la costura, como guía. Comenzando en la línea de costura, cosa a través de la parte inferior del cierre. Gire la aguja y continúe cosiendo. En la parte superior del cierre, gire la aguja y cosa en la línea de la costura. Jale los hilos por el revés y anúdelos.

6) Abra el cierre de cremallera. Voltee el almohadón por el revés y prenda la parte del frente con la de atrás por los tres lados restantes. Haga una costura de 1.3 cm (1/2"). Voltee el almohadón por el derecho, introduzca la forma o el forro y ajuste el cierre de cremallera.

Cojines

Por lo general, un cojín se hace de acuerdo con la forma de silla o sillón. Tiene un centro firme, y está sujeto al mueble con cintas o trabillas. Siga las indicaciones para la confección de cualquier almohadón de arista aguda o de cajón. Debido a que el cojín necesita cuerpo, coloque en el centro, una pieza de poliuretano de 2.5 cm (1") de ancho y envuelta en guata para suavizar las orillas.

✂ Instrucciones para cortar

Para el cojín de arista aguda, corte las partes del frente y de atrás de la misma medida del área que se va a cubrir, agregando la mitad del espesor del cojín y 1.3 cm (1/2") para costuras en cada una de las dimensiones.

En el caso del cojín de cajón, corte una tira para cajón del ancho que desee, más 2.5 cm (1"), corte la parte del frente y de atrás del mismo tamaño que el área que ha de cubrirse, agregando 2.5 cm (1") a cada una de las dimensiones del cojín para el espesor de éste y 1.3 cm (1/2") para costuras.

Cómo cortar la tela para cojines

1) Mida el largo y el ancho del área que se va a cubrir con el cojín. Para un cojín cuadrado o rectangular, use las medidas indicadas para cortar la tela. Si el cojín tiene forma irregular, prepare un patrón.

2) Corte el patrón de papel de la misma forma que el área que va a cubrir. Marque en el patrón las señales donde se van a colocar las cintas o trabillas para sujetarlo.

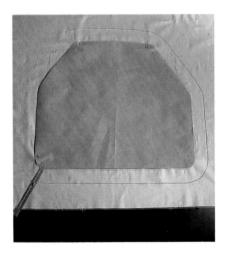

3) Use el patrón como guía para cortar la tela para el cojín, agregando la tela necesaria para el espesor y las costuras, de acuerdo con el estilo del cojín. Marque el sitio de las trabillas en la orilla por el derecho de la tela.

Cojín capitoneado con botones

A fin de evitar que el relleno se mueva dentro de la cubierta de la silla o sillón, sujete éste a los cojines con unos botones que además servirán de adorno. El capitoneado se hace después de haber terminado el cojín. Las cubiertas para cojines con capitoneado, por lo general no se quitan con frecuencia, así que no necesitan ningún tipo de cierre.

Use botones planos, forrados, con pie. Los botones para forrar se venden en estuches completos, con piezas para el frente y la parte de atrás y con utensilios que facilitan el forro de los botones. Justamente antes de comenzar, humedezca la tela para el botón, ésta se encogerá un poco alrededor del botón a medida que seca y se ajustará suavemente.

SE NECESITARÁ

Una aguja larga con ojo grande.
Hilo fuerte, como el hilo para coser botones y tapetes o para ojales.
Botones de modista planos con pies, dos por cada sitio en que se prendan.

Cómo capitonear un cojín

1) Enhebre una aguja larga con hilo extrafuerte para botones y tapetes, o con varias hebras de forzal para ojales. Pase los hilos por el pie del botón; anude los extremos al pie con doble nudo.

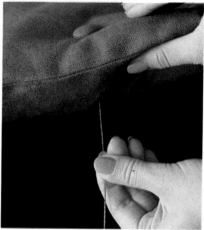

2) Pase la aguja a través del cojín, jalándola para que el botón quede apretado contra el cojín formando un "hoyuelo". Corte el hilo cerca de la aguja.

3) Coloque el segundo botón con una hebra de hilo. Haga un nudo sencillo con las dos hebras y jale hasta que el botón esté apretado contra la parte inferior del cojín. Enrede el hilo dos o tres veces alrededor del pie del botón. Anúdelo con doble nudo. Corte los hilos.

Confección de cintas para sujetar los cojines

Sujete los cojines a las sillas, con las tradicionales cintas de tela. Estas evitan que se mueva el cojín, y le proporcionan un detalle decorativo a las sillas.

Haga cintas que se adapten al estilo de la silla y del cojín. Experimente con tiras de tela de diferente medida sujetándolas alrededor de los barrotes de la silla, para determinar el largo y el ancho apropiados de las cintas. Corte la tira de tela a la medida y úsela como patrón.

✂ **Instrucciones para cortar**
Corte cada cinta 3.8 cm (1 1/2") más larga y 2.5 cm (1") más ancha que el patrón de tela, dejando 1.3 cm (1/2") para la orilla de la costura y 2.5 cm (1") para anudar el extremo terminado. Corte dos tiras por cada barrote donde las colocará.

Cómo hacer cintas para sujetar cojines

1) Haga dos cintas por cada barrote donde se va a sujetar el cojín. Planche doblando 6 mm (1/4") en las orillas largas de cada cinta. Doble la cinta por la mitad a lo largo y plánchela poniendo juntos los lados por el revés, las orillas deben quedar parejas, préndalas.

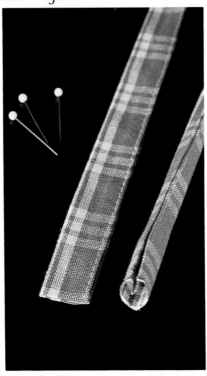

2) Pespuntee a lo largo de la orilla abierta de las cintas. Deje abiertos ambos extremos de la cinta. Haga un nudo sencillo en un extremo, cubriendo la orilla sin terminar con el nudo.

3) Prenda las orillas de la cinta sin terminar, al lado derecho del frente del cojín, en las señales marcadas. Prenda la parte del frente del cojín con la de atrás, poniendo los lados derechos juntos. Cosa; utilice costura en reversa para pegar las cintas. Termine el cojín y sujételo al barrote de la silla.

Trabillas con cinta Velcro^{MR}

Estas trabillas hacen que un cojín sea mucho más fácil de sujetar y quitar, y como son pequeñas y poco notorias, armonizan con el mobiliario.

El largo de las trabillas depende de la medida del travesaño o barrote al que se sujetarán. La medida debe ser exacta, ya que las trabillas deben quedar ajustadas. Como no es necesario coserlas, pueden agregarse a los cojines con unas puntadas a mano.

✂ Instrucciones para cortar

Corte las trabillas del largo suficiente para rodear el barrote y sobrepasar 2.5 a 3.8 cm (1" a 1 1/2") más 1.3 cm (1/2") para costura, y dos veces el ancho de acabado más 1.3 cm (1/2").

Corte la cinta Velcro^{MR} de 2.5 a 3.8 cm (1" a 1 1/2") de largo para cada trabilla.

Cómo sujetar cojines con cinta Velcro^{MR}

1) Haga una trabilla para cada esquina. Planche doblando 6 mm (1/4") en las orillas de la tira. Planche la tira doblándola por la mitad a lo largo, dejando juntos los lados derechos. Pespuntee los cuatro lados de la tira.

2) Corte un trozo de cinta Velcro ^{MR} para cada tira. Separe los lados de dicha cinta. Sujete las partes de la cinta Velcro ^{MR} a los extremos de los lados revés y derecho de la tira de tela. Pespuntee los cuatro lados de la cinta Velcro ^{MR} para fijarla.

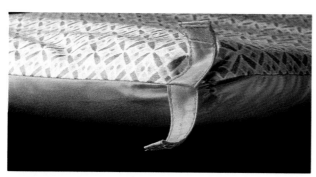

3) Una el delantero y el trasero del cojín. Antes de rellenarlo, prenda el centro de la tira a la costura en las esquinas del cojín. Coloque a todas las tiras en la misma forma, cosa y remate.

4) Termine el cojín. Sujete el cojín a la silla o sillón, abroche las tiras alrededor de los barrotes, sobreponiendo los extremos en forma de anillo para asegurarlas.

Mesas

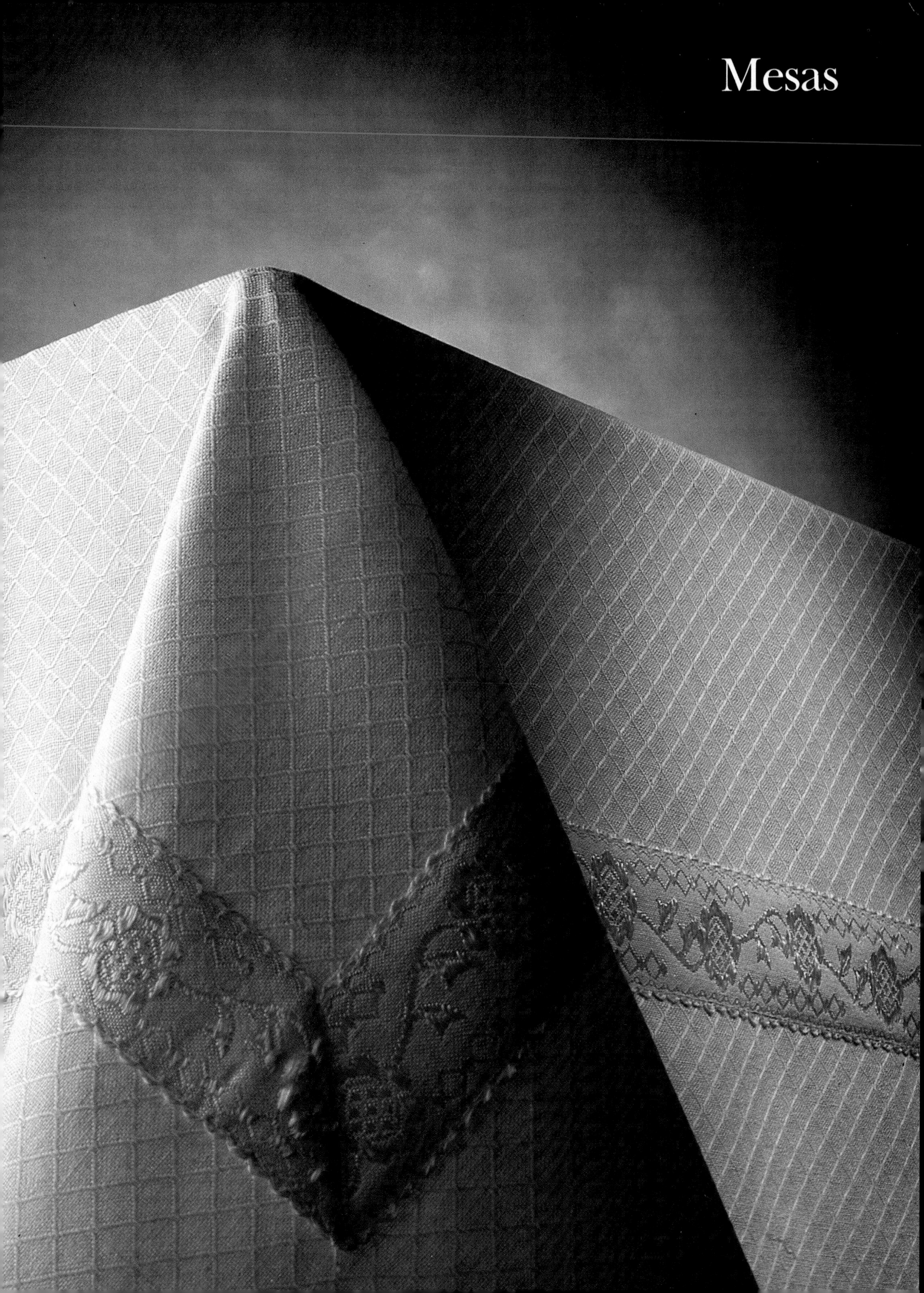

Elegancia en la mesa

Las labores profesionales para la decoración de la mesa, son un camino sencillo para cambiar la apariencia de una habitación, sin gastar demasiado tiempo o dinero. Estas sencillas labores justifican, por muchas razones, la costura en el hogar.

Las labores de mantelería confeccionadas en el hogar, a diferencia de las compradas no están limitadas a una pequeña selección de medidas estándar. Diseñe un mantel y ajústelo a la medida y forma exactas de su mesa. Escoja entre una gran variedad de colores de tela, diseños y texturas para complementar el decorado de su habitación.

Los manteles individuales, las servilleras y los centros de mesa, son una forma excelente de aprovechar los sobrantes de telas de otras labores y de coordinarlos con los colores de la habitación al mismo tiempo. Las labores pequeñas, también le dan la oportunidad de experimentar técnicas de acabado que usted no se atrevería a usar directamente en labores más grandes.

Selección de telas

Cuando diseñe artículos para mesa, busque telas que sean durables, resistentes a la decoloración, que hayan sido tratadas para repeler las manchar y el agua. Las telas con planchado permanente son fáciles de cuidar. Pliegue la tela sobre su brazo para observar cómo cae.

Seleccione telas para decoración que sean compatibles con el uso que se dará al mantel. Para el uso diario, el algodón ligero es apropiado; use un mantel ligero con la mesa forrada para proteger las mesas de madera fina. Para una apariencia elegante, use un mantel de encaje fino o tira bordada sobre una tela más pesada.

Las telas acolchadas dan a las mesas una apariencia agradable y las mantienen en buen estado. Para proteger las mesas, también puede forrar el mantel, o colocar guata firme y plana debajo de él.

Es más fácil trabajar con estampados pequeños que con grandes, ya que éstos quizá sea necesario casarlos. Evite las telas con mucho pelo o las de estampado difícil de casar, como los dibujos a cuadros o rayas, líneas diagonales o en un solo sentido.

Medición de la mesa

El largo del mantel desde la parte superior hasta el piso constituye la caída. Incluya siempre el largo de la caída en las medidas del mantel.

Hay tres largos de caída comunes; corto, de 25.5 a 30.5 cm (10" a 12"); largo medio, de 40.5 a 61 cm (16" a 24"); y al piso, 71 a 73.5 cm (28" a 29"). Los manteles cortos llegan hasta la altura de la silla y son apropiados para el diario. Los de largo medio son más formales. Las cubiertas al piso son elegantes y se usan para buffet y como decoración.

Mantel redondo. Mida el diámetro de la mesa, luego determine el largo de caída de la tela. La medida del mantel es igual al diámetro de la mesa más dos veces el largo de caída, y 2.5 cm (1") para un dobladillo angosto. Este dobladillo es la forma más fácil de acabado de la orilla de un mantel redondo.

Mantel cuadrado. Mida el ancho de la cubierta de la mesa, luego determine el largo de caída del mantel. Agregue dos veces el largo de caída, más 2.5 cm (1") para un dobladillo angosto, o 6.3 cm (1 1/2") para uno ancho.

Mantel rectangular. Mida el largo y el ancho de la cubierta de la mesa, luego determine el largo de la caída. La medida del acabado del mantel es igual al ancho de la cubierta de la mesa más dos veces el largo de caída, y el largo de la cubierta de la mesa, más el doble del largo de caída. Agregue 2.5 cm (1") para un dobladillo angosto, o 6.3 cm (2 1/2") para uno ancho.

Mantel ovalado. Mida el largo y el ancho de la cubierta del mantel, luego determine el largo de caída del mismo. Una los anchos de la tela como sea necesario, para hacer un mantel rectangular del largo de la cubierta, más dos veces el largo de caída y el ancho de la cubierta de la mesa, más el doble del largo de caída; agregue 2.5 cm (1") a cada una de las medidas para un dobladillo angosto. Este dobladillo es el más conveniente en un mantel ovalado, pues es la forma más sencilla de terminar la orilla del mismo. Debido a que la forma de los manteles ovalados varía, marque la medida de acabado con la tela sobre la mesa. Mantenga la tela sobre la mesa, luego use el marcador de dobladillos o un patrón de cartón, para marcar el largo de caída de manera que quede parejo.

Mantel redondo

Como la mayoría de los manteles son más anchos que el ancho de la tela, se deben unir los anchos con una costura, para dejar la tela a la medida necesaria. Evite la costura en el centro utilizando el ancho total de la tela en medio, y cosiendo lienzos más angostos a los lados.

Use pestañas al orillo para las uniones, a fin de eliminar el acabado de costura. Si el orillo tiende a arrugarse, haga pequeños cortes a intervalos regulares aproximadamente de 2.5 cm (1"). Si no usa los orillos en las uniones, termine con costura francesa o sobrehilado. En manteles reversibles, use costura sencilla.

Para determinar la cantidad de tela que necesita, divida el diámetro del mantel, entre el ancho de la tela, menos 2.5 cm (1"). Cuente las fracciones como un ancho. Este es el número de anchos que se deben unir. Luego, multiplique el número de lienzos por el diámetro del mantel, y divida esta cifra entre 100 cm (36") para obtener el total de metros (yardas).

✂ Instrucciones para cortar

Corte el lienzo central del mismo largo que el diámetro de acabado del mantel. Corte lienzos parciales suficientemente anchos para formar un cuadrado del mismo ancho que el diámetro del mantel, más el dobladillo. Para manteles reversibles, corte el forro de la misma medida que la tela para decoración.

Cómo cortar un mantel redondo

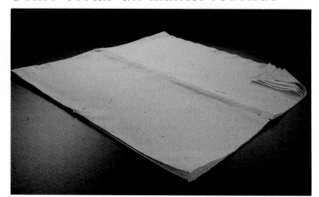

1) Una los lienzos de tela para formar un cuadrado con una costura de 1.3 cm (1/2"). Doble el cuadrado en cuatro partes. Prenda las partes juntas para evitar que se resbalen.

2) Mida una cuerda del tamaño del radio de la tela. Sujete un extremo de la cuerda haciendo una marca con lápiz en círculo, prenda otro extremo en el centro de la esquina doblada de la tela. Marque la orilla exterior del círculo, usando la cuerda y el lápiz como compás. Corte sobre la línea marcada; quite los alfileres.

Cómo coser dobladillos angostos y con holán

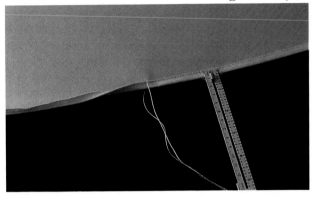

Bastilla angosta. Cosa alrededor del mantel, a 6 mm (1/4") de la orilla. Planche doblando la línea de la costura. Planche doblando de nuevo 6 mm (1/4"), distribuyendo el exceso de tela en la curva. Pespuntee cerca de la orilla doblada. O utilice el aditamento para dobladillo angosto.

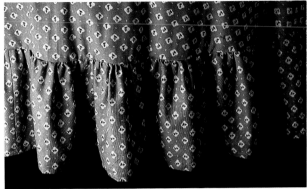

Orilla de holán. Quite dos veces el largo de holán del largo de acabado del mantel y corte la tela de acuerdo con la medida obtenida. Para el holán, multiplique el *diámetro* del mantel por 3 1/2 y duplique la medida. Haga el holán y colóquelo como para cortinas con holán (págs. 38 y 39).

Cómo coser un bies con cordón

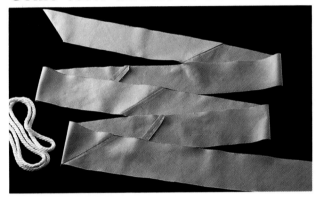

1) Multiplique el diámetro del mantel por 3 1/2 para determinar el largo necesario de acordonado. Corte las tiras de bies para cubrir el cordón (pág. 74).

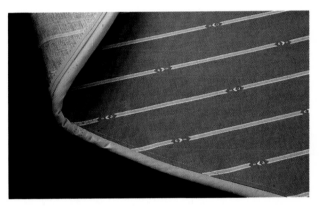

2) Cubra el acordonado, y sujételo por el lado derecho de la tela, como para el almohadón con acordonado, (pags. 74 y 75 pasos 1 a 7). Una con zigzag y planche por el reverso del mantel. Haga un sobrepespunte a 6 mm (1/4") de la costura de acordonado.

Cómo coser un mantel redondo reversible

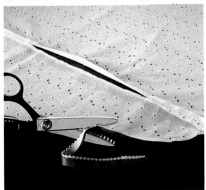

1) Una los lienzos del forro, dejando una abertura de 30.5 cm (12") en una de las costuras, para voltear. Cosa el forro y la tela exterior juntas a 1.3 cm (1/2") de la orilla, con los reveses hacia el mismo lado. Rebaje la costura o haga pequeños cortes en las esquinas.

2) Voltee la tela por el derecho pasándola por la abertura de la costura del forro. Cierre la abertura con puntada oculta.

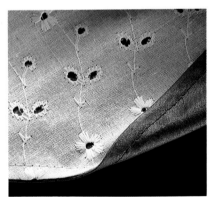

3) Pespuntee a 6 mm (1/4") de la orilla. Si el forro es de un color contrastante, el hilo de la parte superior debe ser del color de la tela, y el de la bobina del color del forro.

Manteles cuadrados y rectangulares

Para confeccionar un mantel del ancho deseado, una los anchos de la tela según sea necesario, usando anchos totales en el centro y parciales a los lados. Haga costura francesa o sobrehilado, o bien, coloque las orillas al orillo para eliminar el acabado de costuras.

Los dobladillos pueder ser de 2.5 cm ó 5 cm (1"ó 2"), dependiendo de la técnica que elija para la hechura de dobladillos. Seleccione un acabado de dobladillo que complemente el peso y la textura de la tela. Las esquinas de inglete son la mejor manera de escuadrar las esquinas porque cubren las orillas sin acabado y eliminan abultamientos.

Determine la medida de tela necesaria para el mantel, dividiendo el ancho total del mismo entre el ancho de la tela, menos 2.5 cm (1") para la unión de las costuras. Multiplique esta cifra, que es el número de lienzos requerido, por el largo total del mantel. Divida este número entre 100 cm (36") para obtener el total de metros (yardas).

Dobladillos anchos y angostos

Dobladillos anchos. Planche doblando 6 mm (1/4") luego vuelva a doblar y planche 2.5 ó 5 cm (1" ó 2") para formar un dobladillo en todos los lados.

Esquinas de inglete en dobladillos angostos. Planche doblando 6 mm (1/4"), dos veces. Abra las esquinas y córtelas diagonalmente. Junte las orillas para formar el inglete. Pespuntee el dobladillo.

Esquinas con inglete en dobladillos anchos. Haga inglete en las esquinas como para los almohadones de orilla ancha (pág. 83 pasos 2 a 7). Cosa el dobladillo con puntada invisible o pespunte recto.

Cubiertas acolchadas para mesa

El acolchado agrega cuerpo a las cubiertas para mesa, y da protección adicional para la superficie de la misma. El espesor y la suavidad de los accesorios acolchados para mesa, también añaden atractivo visual. Use telas acolchadas para manteles individuales, carpetas o centros de mesa.

Se puede comprar tela acolchada, pero hacer el propio acolchado proporciona la satisfacción de coordinar colores y estampados, lo cual será más económico, pues se utilizará la cantidad de acolchado necesario para cada accesorio. El prensatelas para acolchado con la barra guía incluida facilitan el proceso de acolchado. Para acolchado más parejo, alargue la puntada y afloje la presión. Comience pespunteando la barra del acolchado y trabaje hacia los lados de ésta.

Use guata termoperforada para las cubiertas con acolchado. El poliéster lavable conserva la forma y cuerpo aun cuando se lave o planche.

Cómo hacer un acolchado a máquina

1) Corte la tela, la guata y el forro un poco más grandes que la medida de acabado del mantel. Coloque la guata entre los lados revés de la tela y del forro. Prenda o hilvane las tres capas.

2) Marque primero la línea central del acolchado de la tela con una regla y una pluma con tinta que pueda lavarse. Si no usa barra para acolchado, marque cada línea dejando la misma distancia entre una y otra.

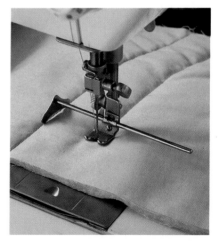

3) Pespuntee la línea del centro. Determine la distancia de la siguiente línea de acolchado. Ajuste la barra para acolchado, de manera que siga la línea de la costura anterior a medida que va cosiendo la línea siguiente.

Manteles individuales, carpetas y centros de mesa

Los manteles individuales, carpetas y centros de mesa protegen la cubierta de la mesa y le dan color y estilo a la decoración. Uselos sobre manteles o solos, para lucir la belleza de la madera o el cristal de la mesa. Las técnicas de costura para manteles individuales, carpetas y centros de mesa son similares.

Seleccione las telas para carpetas y centros de mesa, de acuerdo con las guías generales para la elección de telas para manteles. Se puede acolchar a máquina la tela, siguiendo el procedimiento que se describió en la pág. 103.

Los manteles individuales pueden tener forro, entretela termoadherible o hacerse con tela acolchada, o pueden coserse con tela doble para darles cuerpo adicional. Dos medidas comunes de acabado de manteles individuales son: 46 × 30.5 cm (18" × 12") y 40.5 × 35.5 cm (16" × 14"). Elija la mejor medida para su mesa y haga juego.

Los centros de mesa por lo general, son de 30.5 a 16 cm (12" a 18") de ancho; si los va a usar como manteles individuales, hágalos más anchos. Los largos de caída varían de 20.5 a 30.5 cm (8" a 12"). Los centros de mesa deben cortarse

Indicaciones para la hechura de ribetes en orillas de manteles individuales

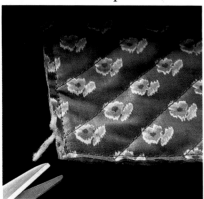

Telas acolchadas. Hilvane todas las orillas juntas a 6 mm (1/4") de la orilla, antes de aplicar el ribete. Corte la guata en la orilla del dobladillo para reducir el espesor en la orilla ribeteada.

Orillas con punto deslizado. Abra la cinta para bies. Préndala a lo largo de la orilla de la carpeta, poniendo los lados derechos juntos. Cosa sobre la línea del doblez. Voltee la cinta hacia la parte de *atrás* de la carpeta y cosa con punto deslizado a lo largo de la orilla.

Orillas con sobrepespunte. Abra la cinta para bies. Préndala por el lado derecho de la cinta al *revés* de la carpeta. Cosa sobre la línea del doblez. Voltee la cinta al *frente* de la carpeta, y haga un sobrepespunte.

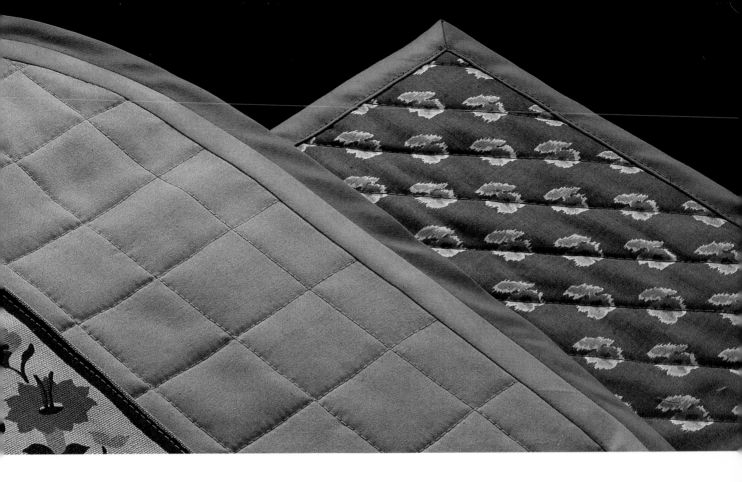

a lo largo o a lo ancho de la tela, pero será menor la cantidad de tela requerida si se cortan al hilo longitudinal.

Los centros de mesa pueden ser más ligeros que los manteles individuales. Si se utilizan solamente como decoración sobre el mantel, termínelos con dobladillos. Si los va a usar también como manteles individuales, hágales un acolchado a máquina para proteger la superficie de la mesa; termine las orillas ribeteadas con bies, con sobrepespunte o con punto deslizado.

Las carpetas para mesa protegen la superficie de la misma sin tapar las patas o la base. Corte y cosa una carpeta a la medida exacta de la cubierta y termínela con un acabado apropiado.

Reduzca el espesor en las orillas acolchadas de los artículos para mesa, ribeteándolas con cinta para bies. Aplique el bies como se describe más adelante, o use el aditamento para sujetar el ribete en las máquinas.

En las orillas de los artículos para mesa, también se puede colocar una cenefa, técnica de acabado similar al ribete, que proporciona una orilla decorativa más ancha.

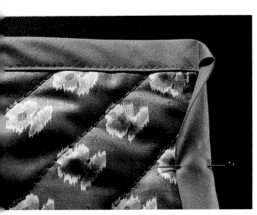

Carpetas cuadradas. Doble la cinta para bies sobre un lado de la carpeta y préndala. Sobrepespuntee hasta la esquina. Prenda el bies hasta el siguiente lado, haciendo un doblez diagonal en la esquina para el inglete. Comience la costura en dicho inglete.

Carpetas ovaladas. Use un plato como guía para formar las esquinas de la carpeta. Antes de coser el bies acomode la cinta en las curvas, con una plancha de vapor.

Acabado de orillas. Corte el ribete 2.5 cm (1") más largo que el diámetro de la carpeta. Doble la punta 1.3 cm (1/2") y termine cosiendo hasta el extremo de la cinta. Si es necesario haga puntada deslizada.

Manteles individuales con cenefa

La cenefa ancha forma un marco llamativo para un mantel individual. Las esquinas de inglete requieren cuidadosa atención; comprobar cada una antes de seguir con las otras.

✂ Instrucciones para cortar

Corte el centro del mantel individual, dejando 1.3 cm (1/2") adicionales para costuras. Para hacer un mantel individual reversible, corte dos centros de tela. Cosa juntos los lados de los centros por el revés a 6 mm (1/4") de la orilla.

Corte la cenefa dos veces el ancho deseado más 1.3 cm (1/2") para costuras. Corte la cenefa bastante larga para que cubra toda la orilla del mantel individual; agregue dos veces el ancho de acabado de la cenefa para hacer en cada esquina el inglete.

Cómo coser manteles individuales con cenefa y esquinas de inglete

1) Planche la cenefa por la mitad a lo largo, poniendo juntos los lados derechos. Desdoble la cenefa. Doble y planche las orillas 6 mm (1/4").

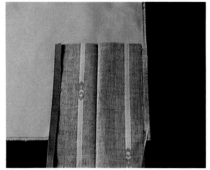

2) Abra uno de los lados doblados. Comience al centro de uno de los lados y prenda los lados de la carpeta junto con los de la cenefa. Cosa sobre la línea del doblez, terminando a 6 mm (1/4") de la esquina; haga costura en reversa.

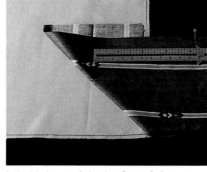

3) Doble la cenefa hacia afuera de la carpeta diagonalmente. Mida desde el centro de la misma, hasta una distancia dos veces el ancho de acabado de la cenefa; marque con un alfiler o con un pequeño corte.

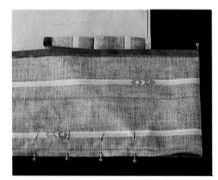

4) Doble la cenefa hacia atrás de la marca. Prenda el doblez en la parte inferior de la siguiente orilla. Cosa el doblez exterior a 6 mm (1/4") de la orilla, terminando 6 mm (1/4") antes de la esquina. Repita lo mismo en cada esquina.

5) Abra la cenefa y forme el inglete por el derecho de la carpeta en cada esquina. Doble la cenefa hacia el revés de la carpeta sobre la línea del doblez del centro.

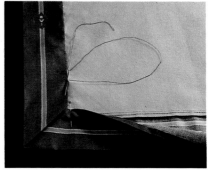

6) Prenda la orilla doblada de la cenefa a la línea de costura por el revés de la carpeta. Cosa las esquinas de inglete y la orilla de la cenefa con puntada deslizada.

Manteles individuales con cinta decorativa

Se puede coser una cinta decorativa directamente en la orilla del mantel individual acabado. Use cinta de popotillo, cinta bordada o galón tejido. También puede cortar las cintas decorativas de telas que coordinen.

✂ Instrucciones para cortar

Corte el mantel individual 2.5 cm (1") más grande que la medida de acabado deseada. Planche 1.3 cm (1/2") hacia el derecho en todas las orillas.

Corte la cinta de adorno del largo suficiente para colocarla alrededor de la orilla del mantel individual, más 2.5 cm (1"). Si va a elaborar su propia cinta, deje 6 cm (1/4") en cada lado para acabado, planche doblando 6 mm (1/4") en los extremos largos.

Cómo coser manteles individuales con cinta decorativa y esquinas de inglete estampadas

1) Prenda la cinta decorativa en una de las orillas del mantel individual. Pespuntee la orilla exterior comenzando desde el centro en uno de los lados del mantel, hasta una esquina. Jale los hilos hacia adentro y anúdelos.

2) Doble la cinta decorativa hacia atrás, de manera que el doblez quede parejo con la orilla inferior del mantel individual. Prenda la cinta a la altura del doblez.

3) Doble la cinta decorativa hacia abajo a lo largo de la orilla inferior, formando un doblez en diagonal en la esquina. Planche el doblez.

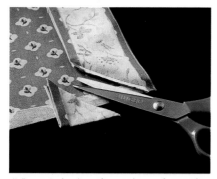

4) Levante la cinta decorativa en la esquina y cosa sobre la línea diagonal planchada a través de todo el espesor. Corte el sobrante del doblez, a 6 mm (1/4") para reducir el bulto.

5) Doble la cinta decorativa a lo largo de la orilla inferior y cosa el siguiente lado. Repita la operación en cada esquina.

6) Jale los hilos por el revés, en la esquina y anúdelos. Cosa a lo largo de la orilla interior de la cinta.

Seis formas para hacer orillas y dobladillos en servilletas

Puntada de satén doble. Voltee hacia abajo 1.3 cm (1/2") en todos los lados. Haga esquinas de inglete (pág. 102). Pespuntee la orilla cortada para que le sirva de guía. Seleccione la puntada de ojal más ancha con zigzag, o con zigzag muy junto (como festón). Cosa por el lado derecho de la tela sobre la costura recta.

Sobrehilado con zigzag. Corte los hilos sueltos de las orillas de la servilleta. Haga puntada de satén sobre la orilla sin terminar. Esto dará a la tela una orilla angosta bordada. Use el prensatelas para sobrehilado a fin de mantener el ancho del zigzag.

Puntada de adorno. Planche un doblez de 6 mm (1/4") y cósalo. Por el lado derecho, cosa con una puntada de adorno, usando la puntada recta como guía. La puntada de ojal (ver figura superior) proporciona una apariencia de vainica.

Servilletas

Las servilletas que coordinen son el toque final para la decoración elegante de una mesa. Las servilletas estandar terminadas miden 35.5 cm ó 43 cm (1/4" ó 17") en cuadro.

Los dobladillos en las servilletas pueden ser disimulados o decorativos. Experimente con algunas de las puntadas decorativas en la máquina de coser. Estas seis técnicas para la hechura de dobladillos que se muestran aquí, también pueden usarse en manteles largos o individuales.

✂ Instrucciones para cortar

Corte la servilleta 2.5 cm (1") más grandes que la medida de acabado. De un metro (yarda) de 91.5 cm (36") de ancho de tela, pueden hacerse cuatro servilletas de 43 cm (17"). De una pieza de tela de 115 cm (45") se cortan nueve servilletas cuadradas de 35.5 cm (14").

Dobladillo angosto rápido. Planche un doblez de 6 mm por el revés en los lados de todas las servilletas. Haga el dobladillo de una servilleta a la otra con una costura continua. Repita este paso para los otros lados.

Dobladillo Doble. Haga un doblez de 6 mm (1/4") en todas las orillas y planche. Vuelva a doblar otros 6 mm (1/4") y haga un pespunte cerca de la orilla doblada. Forme los ingletes en la misma forma que para dobladillos angostos (pág. 102).

Flecos. Para cortar las servilletas, saque un hilo y corte sobre él; así las orillas quedarán rectas. Cosa con zigzag cerrado a 1.3 cm (1/2") de las orillas sin terminar, con puntadas cortas o angostas. Quite los hilos hasta llegar a la línea de costura para formar el fleco.

Ropa de cama

Decore la recámara con accesorios de moda para la cama hechos a la medida, como edredones, fundas para éstos, fundas para almohadón y rodapié.

La ropa de cama puede tener un estilo neutro o ser diseñada, de acuerdo con la decoración de la recámara. El calicó, el algodón satinado y el satén son una buena elección para la mayoría de las cubieras para cama. Las sábanas son otra alternativa práctica ya que el ancho de éstas hace que no sea necesario hacer costuras para la confección de edredones y fundas para éstos.

Las telas de planchado permanente, repelentes a la mugre y a las manchas, son recomendables para habitaciones de niños. También considere la frecuencia con que se lavará el cubrecama; seleccione telas que no se decoloren con el lavado.

Los edredones son una alternativa útil para cubrecamas. Hágalos reversibles para cambiar su apariencia y rellénelos con fibra sintética tan plana o esponjada como desee. Si se usa tela para decoración en los edredones, se deben unir las partes al ancho total de la tela en el centro del edredón y en forma parcial al ancho en cada lado.

Las fundas para edredón se conocen también como cubiertas para colchoneta, pueden quitarse para facilitar su cuidado. Sirven para proteger los edredones nuevos, conservar los usados, cambiar rápidamente la apariencia de éstos y eliminar la necesidad de poner una sábana superior sobre la cama.

Las fundas para almohadón son fundas decorativas que pueden quitarse; se hacen sin adorno, con orilla ancha, con holanes y tira bordada o con ribetes, en telas que combinen o contrasten, como complemento del edredón o el rodapié. Las fundas tradicionales pueden adornarse con holanes y usarse como fundas de almohadón.

Los rodapiés u holanes para cama se usan en los edredones. Se pueden hacer con frunces, con pliegues o lisos. Para las camas que no tienen barrotes hágalos de una pieza, o con aberturas en las esquinas para las que tienen. Ponga un rodapié a una sábana ajustada al box spring o a una cubierta de muselina, dicho rodapié se coloca entre el colchón y el box spring.

La tela para rodapié, aunque no se cambia con frecuencia, se debe escoger considerando su peso y facilidad para plegarse; así como la conveniencia para el estilo de rodapié o de holán para la cama.

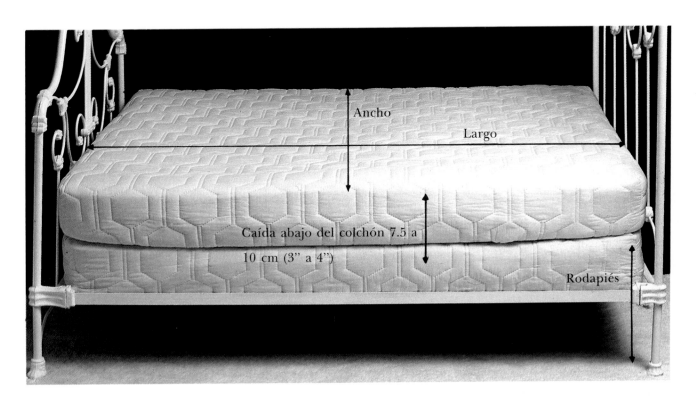

Medición de la cama

Tome las medidas exactas, para que los edredones y los rodapiés se ajusten perfectamente a la cama.

Los edredones caen de 7.5 a 10 cm (3" a 4") abajo de la línea del colchón. Tienen un *largo de caída* (la distancia entre la orilla superior del colchón y la parte inferior del edredón) de 23 a 30.5 cm (9" a 12") dependiendo del espesor del colchón. Para determinar el largo de caída, mida desde la parte superior del colchón, hasta la orilla superior del box spring, luego agréguele a esa cifra la medida deseada para el largo. Tenga en cuenta el tipo de tela, ya que si es muy tiesa el edredón puede quedar levantado a los lados de la cama.

Para determinar el tamaño de acabado del edredón, mida de un lado a otro, transversalmente, la parte superior del colchón para el ancho, y desde la cabecera hasta los pies para el largo. Agregue el largo de caída deseado al largo de la ca-

ma, y dos veces el largo de caída al ancho de la cama para las medidas de acabado.

El delcrón para los edredones se consigue en anchos específicos para camas de tamaño estándar; elija el tamaño apropiado para su edredón.

Para determinar el largo de acabado del rodapié, mida desde la parte superior del box spring hasta el piso; para la cubierta del box spring, mida el ancho y el largo de éste.

Las medidas del almohadón estándar son 51 × 66 cm (20" × 26"), grande de 51 × 76 cm (20" × 30") y extragrande de 51 × 102 cm (20" × 40"). Sin embargo, algunos almohadones están más esponjados que otros, de manera que haga sus fundas bien ajustadas midiendo el ancho y el largo con una cinta métrica a través del centro del almohadón. Las fundas con holanes hechas con telas ligeras se colgarán en las orillas si se cortan demasiado grandes.

Confección del edredón

Los edredones tienen la apariencia de las colchonetas, pero no requieren el tiempo y el trabajo tan complicado del acolchado a mano. Deben llegar justo abajo de la línea del colchón y usarse con rodapié u holanes para cama.

Los edredones se hacen de tres capas: un refuerzo o forro, un relleno de poliéster bondeado (delcrón) para dar calor y cuerpo, y una capa superior de tela para decoración.

Debido a que el volumen del edredón dificulta la costura a máquina, el capitoneado se debe hacer a mano. El capitoneado se hace con estambres amarrados, mantiene las capas de tela juntas y acentúa el aspecto abullonado tan atractivo del edredón. Coloque los estambres con 15 a 25.5 cm (6" a 10") de separación; el diseño de la tela puede servir para su colocación.

✂ Instrucciones para cortar

Corte y cosa la tela para la pieza superior del edredón a la medida de acabado. Corte el forro 20.5 cm (8") más largo que la medida de acabado, a fin de formar la cenefa con la misma tela. *O bien,* corte el forro del mismo tamaño que la pieza superior, y termine las orillas con un ribete de cinta ancha, como se hizo para los mantelillos individuales acolchados (páginas 104 y 105).

SE NECESITARÁ

Tela para decoración para el edredón.
Forro para el edredón.
Delcrón de la medida adecuada para el ancho de la cama y cortado a la medida de acabado del edredón.
Estambre de algodón mercerizado o hilo para bordar para el capitoneado, el estambre debe ser lavable si el edredón se va a lavar en casa.

Cómo hacer un edredón capitoneado

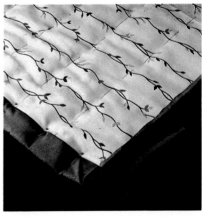

1) Coloque el forro con el derecho hacia abajo sobre una superficie plana. Deje una orilla de 10 cm (4"). Coloque el delcrón sobre el forro, luego la tela para decoración con el lado derecho hacia arriba, emparejando las orillas.

2) Prenda juntas las tres capas. Unalas con un hilván a mano de puntadas largas, formando hileras paralelas separadas 20.5 a 25 cm (8" a 10") entre sí para que las capas no resbalen.

3) Doble el forro hacia la orilla del delcrón, vuelva a doblar sobre el delantero del edredón para formar una cenefa de 5 cm (2"). Prenda en su lugar. Forme los ingletes en las esquinas como para los mantelillos cuadrados (página 106). Una la cenefa al edredón con punto deslizado, a lo largo de la orilla doblada.

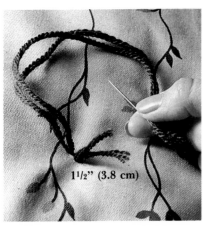

4) Marque los puntos en donde hará el capitoneado con estambre. Enhebre una aguja grande con una hebra doble de estambre. Trabajando por el lado derecho del edredón, haga una puntada de 6 mm (1/4") a través de las tres capas. Saque el estambre dejando un cabo de 3.8 cm (1 1/2").

5) Sostenga las cuatro hebras de estambre en una mano, muy cerca del edredón. Pase la aguja por detrás de las 4 hebras y por encima de dos, para formar una lazada.

6) Pase la aguja a través de la lazada. Jale los cabos para apretar el nudo. Corte los cabos de estambre de manera que queden de 2 cm (3/4").

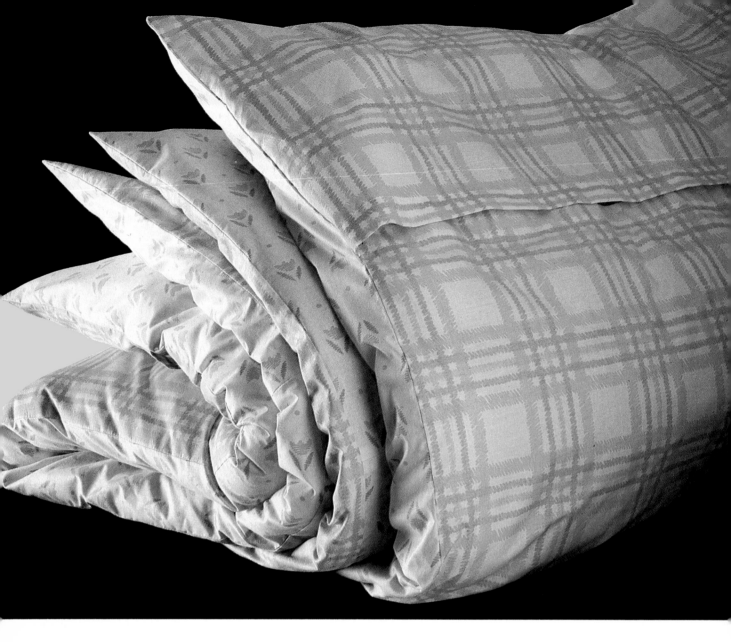

Funda para edredón

Cambie la apariencia de la cama con un edredón forrado. Sustituya la sábana de arriba y el cobertor, por un edredón con forro removible que es más fácil de lavar. Cosa su propio edredón, o compre uno de plumas o de poliéster.

Para la funda, elija una tela ligera de trama firme y lavable. Las sábanas son una buena elección, porque no requieren uniones para lograr el tamaño deseado. Si utiliza telas para decoración más angostas, deje el ancho total de la tela en el centro de la funda y añada anchos parciales a lo largo de los lados.

Deje una abertura de 91.5 cm (36") en la parte de atrás de la cubierta, para introducir el edredón. Coloque la abertura aproximadamente a 40.5 cm (16") de la orilla inferior por dentro de la funda de manera que no se vea en los extremos. Cierre la abertura con un traslape, cinta con broches de presión, cinta Velcro^MR, cierre de cremallera o botones.

✂ Instrucciones para cortar

Corte la parte delantera de la funda 2.5 cm (1") más larga que el edredón. La parte de atrás córtela de acuerdo con el tipo de abertura que haya elegido. Para una abertura con traslape o botones, córtela 14 cm (5 1/2") más larga. Para cierres con cinta de broches, cinta Velcro^MR o cierre de cremallera, corte la parte de atrás 3.8 cm (1 1/2") más larga que el frente.

Corte cuatro cuadros pequeños de tela para trabillas, aproximadamente de 5 cm (2") cada uno.

SE NECESITARÁ

Tela para decoración o sábanas, para la funda y una pequeña cantidad de tela adicional para las trabillas.
Cinta con broches de presión, cinta Velcro^MR, cierre de cremallera o botones.
Broches de remache para fijar el edredón en su lugar.

Cómo coser una funda para edredón

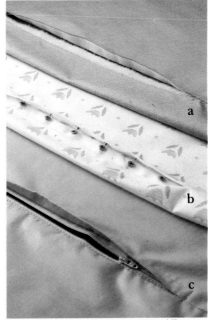

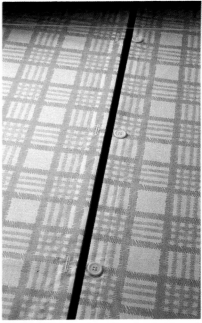

1) Planche doblando 40.5 (16") de un lado a otro de la parte inferior del revés de la tela, teniendo juntos los lados derechos. Si usa cinta con broches de presión, cinta Velcro ^{MR} o cierre de cremallera, haga pequeños cortes en el doblez para marcar los extremos de la abertura. Haga una costura de 2 cm (3/4") sobre el doblez; cosa dos veces en los cortes y haga un hilván a lo largo del área donde quedará la abertura. Corte sobre el doblez, abra la costura y plánchela.

2) (a) Introduzca la cinta Velcro ^{MR}, **(b)** la cinta con broches de presión o **(c)** el cierre de cremallera, de acuerdo con las indicaciones para cerrar el almohadón (págs. 89-90). Omita el paso número 3, si usa alguno de los anteriores. Para una abertura con botones continúe con el paso número 3.

3) Abra la parte de atrás sobre la línea de doblez a 40.5 cm (16") para la abertura con botones. Planche doblando 6 mm (1/4") luego 2.5 cm (1") para hacer un dobladillo en cada orilla, pespuntee ambas orillas. Sobre el dobladillo de la parte más corta haga ojales a una distancia de 25.5 a 30.5 cm (10" a 12") entre cada uno, cosa los botones en el dobladillo de la parte opuesta.

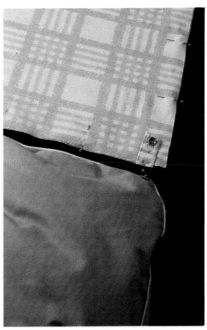

4) Prenda la parte del frente a la parte del revés dejando juntos los lados derechos. Para cerrar con botones, prenda primero la parte más corta y traslape la parte más larga sobre ella.

5) Haga las trabillas (como se indica en la pág. 95, paso 1). Fije las hembras de los broches de remache a las trabillas y los machos de los mismos, a las esquinas del endredón. Prenda una trabilla en cada esquina de las fundas emparejando las orillas.

6) Cosa juntos el frente y la parte de atrás de la funda con una costura de 1.3 cm (1/2"). Corte diagonalmente la pestaña en las esquinas. Voltee la funda por el derecho, introduzca el edredón; abroche la funda al adredón en las esquinas.

Fundas para almohadones

Las fundas para almohadón son cubiertas atractivas y holgadas que pueden hacerse de manera que combinen con el edredrón o con la funda de éste. Pueden ser sencillas, con holanes o adornadas con orilla ancha o con cenefa.

Algunas fundas se cierran con un traslape o con una cartera en la parte de atrás para facilitar el deslizamiento del almohadón dentro de ella. La funda más fácil de hacer se corta en una sola pieza de tela y los extemos se volveran hacia abajo y se dobladillan de modo que el cierre de cartera sea parte del doblez. Si quiere añadir un holán u orilla ancha que coordine, corte el frente, la parte de atrás y las piezas de la cartera por separado de modo que quede una sola costura alrededor de todo el almohadón. En este caso, se usa la costura francesa.

✂ Instrucciones para cortar

Para funda de una sola pieza, corte la tela con ancho igual al almohadón, más 2.5 cm (1") y largo igual a dos veces el largo del almohadón más 25.5 cm (10").

Para la funda con holán, corte la parte del frente y la de atrás, 2.5 cm (1") más largas que la almohada. Corte la cartera de 25.5 cm (10") de ancho, y largo igual al ancho del almohadón más 2.5 cm (1"). Corte el holán dos veces el ancho deseado más 2.5 cm (1"), y largo igual a dos veces la distancia alrededor del almohadón.

Para la funda con orilla ancha, corte la parte del frente, la de atrás y la cartera 10 cm (4") más grande que la funda con hólán (parte superior). Corte la cenefa o el adorno del ancho deseado y largo suficiente para coser alrededor del almohadón.

En el caso de la funda para almohadón, corte la tela con ancho igual que el almohadón más 2.5 cm (1"), largo igual a dos veces el largo del almohadón más 2.5 cm (1"). Corte el holán dos veces el ancho deseado, más 2.5 cm (1"), y largo cuatro veces el ancho del almohadón. Corte una tira para vista de 7.5 cm (3") de ancho y largo igual a dos veces el ancho del almohadón, más 1.3 cm (1/2").

Cómo coser una funda de una pieza

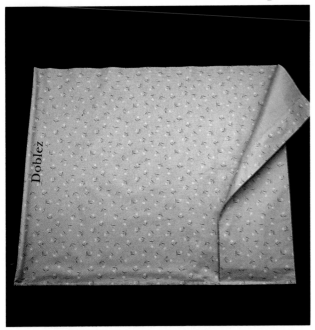

1) Cosa un dobladillo doble de 6 mm (1/4") en uno de los extremos cortos. Voltee doblando 1.3 cm (1/2"), luego 5 cm (2") en el otro extremo. Para hacer la cartera, planche doblando 19.3 cm (7 1/2") en el extremo con el dobladillo más ancho. Doble la funda a lo ancho poniendo juntos los lados revés, de manera que la orilla angosta con dobladillo quede en el doblez planchado. Doble la cartera sobre la orilla con dobladillo.

2) Cosa 6 mm (1/4") en las dos partes laterales. Deje las costuras de 3 mm (1/8"). Voltee la funda por el revés. Plánchela. Haga costura francesa de 6 mm (1/4") para el acabado interior de la funda. Voltee ésta por el derecho. Introduzca el almohadón en la funda, dejando la cartera traslapada en un extremo.

Cómo coser una funda con holán

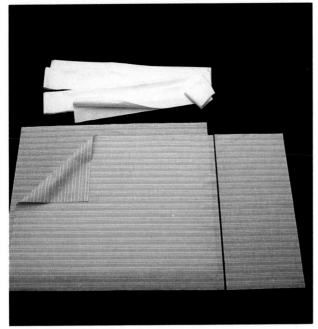

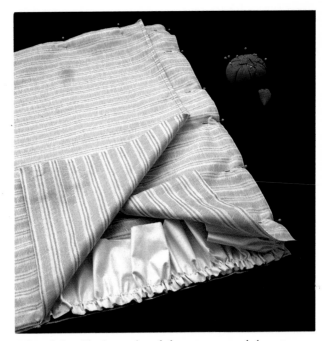

1) Cosa un dobladillo de 1.3 cm (1/2") en uno de los extremos cortos de la parte de atrás de la funda. Voltee doblando 1.3 cm (1/2"), luego haga un doblez de 5 cm (2") en una orilla larga de la cartera. Pespuntee este dobladillo. Prepare el holán como para almohadón con holán (págs. 80, 81, pasos 1 a 4). Una el holán al derecho del frente de la funda, cosiendo a 1.3 cm (1/2") de la orilla.

2) Prenda la orilla sin terminar de la cartera a uno de los extremos del frente, poniendo juntos los lados derechos, de manera que el holán quede en la costura entre las dos capas. Prenda la parte del frente con la de atrás, de modo que la orilla con dobladillo de la parte de atrás, quede sobrepuesta al dobladillo de la cartera. Cosa 1.3 cm (1/2") alrededor de la funda. Recorte las esquinas. Voltee por el derecho e introduzca el almohadón.

Cómo coser una funda con orilla ancha

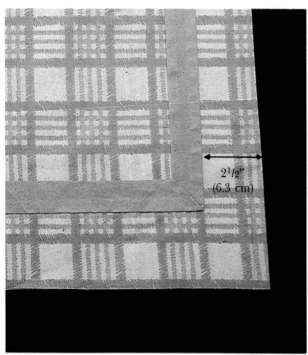

1) Prenda la cinta de adorno al frente de la funda del almohadón a 6.3 cm (2 1/2") de la orilla. Cosa la cinta y haga inglete en las esquinas, como para manteles individuales con cenefa en inglete (pág. 107, pasos 1 a 6).

2) Haga la funda siguiendo las indicaciones que se dan para la confección de funda con holán (pág 119), omitiendo el holán. Voltee la funda por el derecho y pespuntee a lo largo de la orilla de adorno a 5 cm (2") de la orilla de la funda. Introduzca el almohadón.

Cómo coser una funda de almohadón con holán

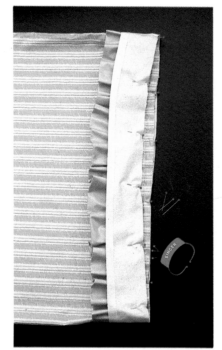

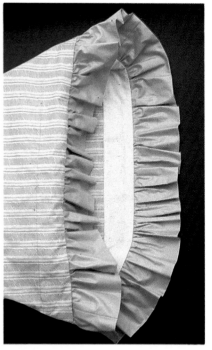

1) Doble la funda de una sola pieza por la mitad poniendo juntos los lados derechos; haga constura francesa para cerrarla. Prepare el holán como se indicó (págs. 80-81, pasos 1 a 4). Voltee la funda por el derecho; hilvane el holán por el derecho del extremo abierto.

2) Planche doblando 1.3 cm (1/2") en uno de los lados largos de la vista. Una los extremos cortos de la tira. Prenda el derecho de la vista al derecho de la funda, de manera que el holán quede entre las dos capas de tela. Haga una costura de 1.3 cm (1/2").

3) Planche la costura hacia la funda de almohadón. Haga pespunte o puntada oculta a lo largo del doblez de la vista planchada. La tira de la vista se muestra en color contrastante para hacerla más visible.

Rodapiés y holanes

Los rodapiés pueden hacerse de manera que coordinen con el color del edredón o de la colcha. Al hacer su propio rodapié, puede obtener el largo preciso de éste para una cama cuya altura no sea estándar.

Elija una tela que vaya de acuerdo con el estilo de acabado del holán. Las telas delgadas como la tira bordada y el organdí suizo requieren muchos pliegues para lucir más; las telas ligeras o de peso medio como el calicó satinado o combinaciones de algodón, también se pliegan bien. La lona y otras telas pesadas son buena elección para rodapiés plisados o hechos a la medida.

Sujete el holán al forro fijo de la cama o a una cubierta de muselina, cortada y cosida a la misma medida del box spring. Para ajustar el holán en una cama con barrotes, corte la tela en las esquinas en tres piezas separadas para el holán, agregue 10 cm (4") en cada esquina para hacer dobladillos dobles de 5 cm (2"). Cuando calcule la cantidad de tela necesaria para el holán, recuerde que son solo tres lados con acabado.

Los rodapiés con frunces requieren dos a cuatro veces el total de la medida, dependiendo del peso de la tela. El aditamento para hechura de holanes, ahorra tiempo en la confección de artículos tan grandes.

Los holanes plisados para cama, tienen pastelones espaciados por igual a una distancia de cerca de 30.5 cm (12") entre cada uno. Distribúyalos cuidadosamente a lo largo de los pies de la cama; el espaciamiento desigual en la cabecera puede ocultarse en el extremo de las tablas.

Para determinar el espaciamiento y el número de pliegues, divida el ancho de la cama entre un número que dé como resultado un número entero: en una cama individual, 99 cm (39") dividido entre 3, da como resultado 33 cm (13") entre cada pliegue. Use esa medida para calcular el número de pliegues en ambos lados de la cama.

Para obtener la cantidad completa de tela, multiplique el total de pliegues por el ancho deseado del pliegue: un pliegue de 15 cm (6") requiere 30.5 cm (12") de tela adicional, 7.5 cm (3") para cada lado del pliegue y 15 cm (6") para la parte de atrás. Agregue esta cifra a la distancia alrededor de los tres lados de la cama, dejando un poco más para costuras.

✂ Instrucciones para cortar

Corte la tela para el largo de acuerdo al estilo del holán y la medida del colchón; con ancho igual a la distancia desde la parte superior del box spring hasta el piso, más 10 cm (4") para costura y dobladillo.

Para hacer la cubierta del box spring, corte y cosa la muselina al tamaño de la parte superior del box spring.

SE NECESITARÁ

Tela para decoración, para el rodapié u holán para cama.

Forro de cama o muselina para la cubierta del box spring.

Cómo coser un rodapié con frunces y con esquinas abiertas

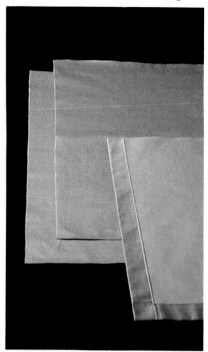

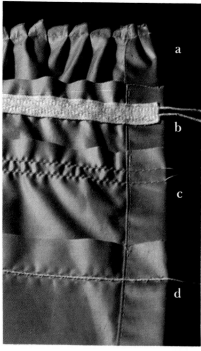

1) Cosa un dobladillo doble de 2.5 cm (1") a lo largo de la parte inferior de las tres secciones del rodapié, luego, voltee y cosa un dobladillo doble de 2.5 cm (1") en ambos extremos de cada una de las secciones.

2) (a) Haga frunces a 2.5 cm (1") de la orilla superior con el aditamento para la hechura de holanes, **(b)** con cinta de dos cordones para fruncir, **(c)** con dos hileras de pespunte largo, o **(d)** con zigzag sobre un cordón.

3) Coloque el forro fijo sobre el colchón. Sobre éste marque la orilla superior del box spring. Luego marque cada 30.5 cm (12") a lo largo de esta línea. Marque la orilla superior del rodapié cada 61 cm (24"), para fruncidos dobles y cada 91.5 cm (36") para fruncidos triples.

Cómo coser un holán plisado para cama

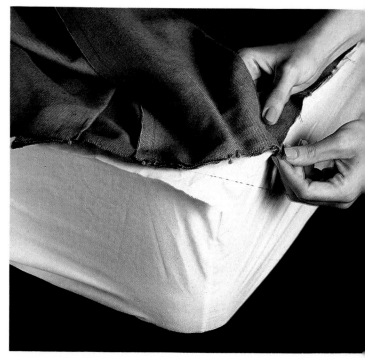

1) Haga un dobladillo como en el paso 1, de la parte superior, cosiendo las secciones para obtener el largo deseado. Mida y marque los pliegues como se determinó, haciendo que las costuras queden dentro de éstos.

2) Coloque la cubierta de muselina sobre el box spring. Comience con un pliegue en el centro de los pies de la cama, prenda los pliegues a la cubierta. Ajuste los pliegues para que queden en cada esquina.

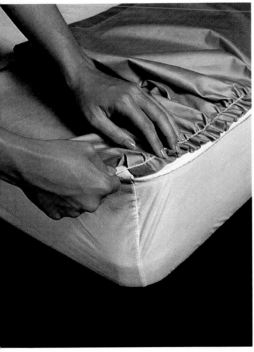

4) Prenda los lados derechos de las piezas del rodapié a lo largo de los tres lados de la sábana, con las orillas sin terminar sobre la línea marcada, y los dobladillos traslapados en las esquinas. Case las marcas del rodapié con las marcas de la sábana. Jale el cordón plegándolo para ajustarlo en el colchón.

5) Quite la sábana del box spring, manteniendo el holán prendido en ese lugar. Cosa sobre la línea de frunces a 2.5 cm (1") de la orilla sin terminar del rodapié.

6) Voltee el rodapié hacia abajo sobre la orilla inferior de la sábana. Haga un sobrepespunte a 1.3 cm (1/2") de la costura, cosiendo a través del rodapié y la sábana.

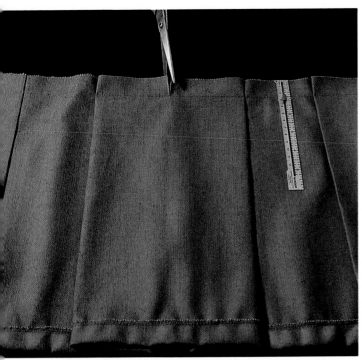

3) Quite el holán de la cubierta. Cosa los pliegues con pespunte largo a 2.5 cm (1") de la orilla sin terminar. Haga pequeños cortes en los pliegues de las esquinas para que el rodapié se extienda en las esquinas.

4) Prenda el lado derecho del rodapié a la cubierta, emparejando las orillas sin terminar. Cosa a 2.5 cm (1") de las orillas sin terminar.

Indice